多中心协同治理视角下创业投资发展研究

艾尚乐 著

九州出版社
JIUZHOUPRESS

图书在版编目（CIP）数据

多中心协同治理视角下创业投资发展研究／艾尚乐
著. -- 北京：九州出版社，2021.7
ISBN 978-7-5225-0378-3

Ⅰ.①多… Ⅱ.①艾… Ⅲ.①创业投资- 研究- 中国
Ⅳ.①F832.48

中国版本图书馆CIP数据核字(2021)第161827号

多中心协同治理视角下创业投资发展研究

作　者	艾尚乐　著
责任编辑	李　荣
出版发行	九州出版社
地　址	北京市西城区阜外大街甲 35 号 (100037)
发行电话	(010)68992190/3/5/6
网　址	www.jiuzhoupress.com
印　刷	北京旺都印务有限公司
开　本	787 毫米 ×1092 毫米　　16 开
印　张	10.5
字　数	168 千字
版　次	2021 年 8 月第 1 版
印　次	2021 年 8 月第 1 次印刷
书　号	ISBN 978-7-5225-0378-3
定　价	78.00 元

前 言

在实施创新驱动战略推动创新型国家建设的背景下，创业投资作为双创战略的重要一环，发挥着集聚社会资金、培育高新技术新兴产业、促进中小企业成长发展、促进资本良性循环的重要作用。在经济发展新常态的现实条件下，我国创业投资行业整体上处于转型调整的发展阶段。广东作为我国创业投资发展起始较早的地区之一，经过20多年的成长壮大，其在创投发展过程中充分发挥自身的区位、资源和市场等优势，取得了一定的实绩成效并积累了丰富的经验，同时也面临着政策有效供给和监管规范不足、资本筹集和退出渠道单一以及中介服务和人力资源支持相对滞后等困境。因此，直面自身创投发展的突出问题，深入挖掘并归纳成因，通过理论引导与实践运作相结合来探索出既适合广东地域特点又反映行业前沿趋势的创投发展路径，不但是广东创业投资实现自身并引领区域创新发展的必然选择，而且能够为建构具有鲜明中国特色的创业投资发展模式提供借鉴与示范。

本著作以广东创业投资作为研究对象，将协同治理的理论视角作为切入点。首先，细致梳理创业投资和多中心协同治理的理论概念及相关应用，阐明多中心协同治理与创业投资协同发展的逻辑联系；其次，考察研判广东创业投资行业的发展现状，一方面通过翔实的数据分析来客观呈现其成绩实效，另一方面通过横向比较来深入探究其存在的突出问题和现实困境；再次，论述评介国外发达国家和地区创业投资发展的经验成果和特色模式，以提供经典案例和策略借鉴；最后，以协同治理理论范式为依托，以满足创业投资行业发展需求为导向，从政府、市场、社会三个维度来分析论证构建广东创业投资协同机制安排的必要性和可行性。

本著作以本人在博士后期间与合作导师团队共同参与完成的相关研究课题作为依据。在此向合作导师朱卫平教授、课题团队成员以及广东省风险投资促进会等提供的全方位指导、支持和帮助表示由衷的感谢。

目 录 ///

第一章

绪　论

第一节 研究背景及意义

一、研究背景

在现有的经济条件下，资本、知识和人才成为推动经济增长的重要因素。作为涵盖三者为一体的新型投资方式，创业投资在促进创新创业发展、高新技术产业成长培育以及深化投融资体制改革等领域发挥着不可替代的作用。在主要发达国家，创业投资作为经济增长的推进器，一方面搭建了创业企业和资本之间的沟通平台，给予投资者丰厚的收益，实现了资本等资源要素的有效合理配置；另一方面，创业企业实力的日益增强促进了科技进步，使民众的生活方式随之改变，个性化和多样化的需求不断得到满足，社会进一步走向和谐稳定。

当前，中国正处于由主要从事加工制造的"世界工厂"向自主创新的知识型大国转变的进程，迫切需要发挥创业投资对创新创业的助推作用。习近平总书记在纪念改革开放 40 周年的讲话中就着重强调推进创新驱动战略、建设创新型国家的重要性。因此，我认为，分析研判能够反映地域性和行业性突出特点的创业投资发展路径和机制，能够为建构具有中国特色的创业投资发展模式提供可复制、可推广的经验借鉴和案例示范，进而为加快自主创新能力建设，完善国家创新体系，促进经济、社会共同发展提供强劲助力，真正满足民众对美好生活的追求和向往。

为此，选取广东创业投资作为研究对象正是题中应有之义。作为改革开放的前沿地区，从它 20 多年的发展进程来看，广东创业投资发展既具有典型的地域性特征，又具有鲜明的行业代表性（创投发展最为活跃地区之一）特征。广东创业投资的发展，一方面拥有起步较早、地理区位显著、环境氛围良好、企业数量众多、资本实力雄厚等诸多优势；另一方面也面临着一系列的现实问题，如政策供给相对不足、匹配性不强，创业投资资本来源固定单一、退出渠道欠缺多样，社会中介服务和人力资源供给不充分，等等。因此，本研究从多中心协同治理理论的视角切入，一方面细致考察广东创业投资发展的现实状况，探究其存在问题及现实需求，另一方面总结归纳发达国家和其他地区的创投先进经验和特色模式，在此基础上，从政府、市场、社会三个维度来论述建构广东创业投资协同发展机制安排的必要性和可行性，从而为广东今后创业投资发展的路径选择提供兼具操作性和前瞻性的思路引导和策略参考。

二、研究意义

其理论意义在于：一方面丰富并拓展多中心协同治理理论的研究视野，使其能够与中国国情相适应，能够有效指导经济领域的创新实践；另一方面充实创业投资相关理论的研究内容，尝试丰富中国特色创业投资发展的理论范式，为创业投资可持续和健康发展提供思路方略和政策供给。

其现实意义在于：一方面从问题意识出发，为切实解决广东创业投资发展中的突出问题、欠缺短板并满足行业发展需求提供必要的方向引导和策略思考；另一方面从机制安排的选择和设计着眼，为探寻具有广东自身特色的创投发展模式提供具有可操作性的案例示范和经验借鉴。

第二节　国内外研究现状述评

一、国外关于多中心协同治理研究的现状述评

多中心协同治理理论起源于 20 世纪 80 年代，是由美国印第安纳大学的奥斯特罗姆教授夫妇所提出的。该理论的核心观点认为私有化或国有化都不是公共事务治理的有效解决方案，应当在政府与市场之外寻求新的路径。公共事务的治理应该摆脱市场或政府"单中心"治理方式，建立政府、市场、社会三维框架下的"多中心"治理模式。该理论的价值在于："通过社群组织自发秩序形成的多中心自主治理结构、以多中心为基础的新的'多层级政府安排'具有权力分散和交迭管辖的特征、多中心公共论坛以及多样化的制度与公共政策安排，可以在最大程度上实现对集体行动中机会主义的遏制以及公共利益的持续发展"。[①]

在具体的研究实践中，贝斯利和科特（2003）认为不仅地方政府拥有更多的对地方民众公共产品偏好的信息，而且地方民众也拥有对辖区政府和官员更多的信息，如果由地方政府来供给公共产品，民众就能更直接地观察地方政府的绩效。沃斯特（2009）从规范性角度指出多元主体构成的多中心系统具有适应不断变化的外在环境的能力，并在公共事务治理的突发性事件中与其他治理主体失灵情况下能够把负面影响降到最小。

---

① Elinor Ostrom, Larry Schroeder & Susan Wynne.Institutional Incentives and Sustainable Development Infra-structure Policies in Perspectiv[M]. Boulder: West-view Press, 1993.

二、国内关于多中心协同治理研究的现状述评

我国对于多中心协同治理的研究起步相对较晚，随着国家对治理现代化的日益重视，研究投入力度不断加大，在研究方法上既有规范研究也有实证研究，研究内容分布广泛，主要有以下几方面：

（一）多中心协同治理理论内涵的相关研究

龙献忠（2004）认为治理理论的核心内容之一就是要打破政府作为唯一管理主体和单一权力中心的现状，实现管理主体和权力中心的多元化，形成多中心协同治理体制。王兴伦（2005）认为多中心是指多个权力中心和组织体制治理公共事务，提供公共服务。多中心反对权力的垄断和集中化。孔繁斌（2008）从建构主义视角出发，建构一个多中心协同治理的系统分析框架，围绕"相互承认的法权""相互承诺的信任""相互尊重的管制"，对多中心协同治理机制进行深入分析。杨志军（2010）认为多中心协同治理理论指的是政府向社会分权、权力回归于民众、民间社会的兴起和国家政府权力的相对弱化，并鼓励公民参与地方或社区的公共事务管理的全过程。

（二）多中心协同治理内容的相关研究

在教育领域，龙献忠、胡颖（2007）从政府、市场和第三部门对多中心协同治理的参与主体进行了探讨，指出管理主体并不是只有政府，社会上还有志愿组织、NGO、教育中介组织等都参与了维持治理秩序工作。在环境领域，刘菲（2014）对于我国部分城市和地区的雾霾问题提出构建多中心协同治理模式，发挥政府主导作用、市场机制调节作用、健全社会参与机制，实现由传统到"绿色"的环境治理模式转变。在农村公共产品供给领域，张海涛（2013）以多中心协同治理为视角，探寻乡村治理新模式，提出发挥第三部门、农村民间组织和行业协会在政府治理中的补充作用，形成村级治理的"善治"局面。在城市社区治理领域，史敏（2014）应用多中心治理范式，提出落实治理主体多元化，培育社区自主治理组织、提高社区居民参与热情，通过不同平台促使居民参与社区治理。

（三）多中心协同治理机制的相关研究

何明升、高献忠（2008）认为网络秩序供给应当是政府主导的自上而下模式与业界、公众主导的自下而上模式的统一。韩峰（2009）认为随着新政策工具不断发明，科学技术不断发展，公共管理体制不断创新，由市场和非营利组织来供给公共物品是完全可行的。刘东杰（2013）认为在多中心协同治理下公共政策产出的多元主体既

有个人，也有组织。

总体而言，我国对于多中心协同治理的研究发展空间和潜力巨大。其发展趋向呈现出以下几个方面：

首先，多中心协同治理理论的适用性问题。多中心协同治理理论来源于西方，与中国社会、文化和体制环境存在一定差异，在中国是否能够完全适用有待进一步检验。

其次，多中心协同治理由多元主体共同参与治理，需要面临的首要问题是如何协调好各个主体之间的关系。在政府、市场、社会等主体间存在需求差异的条件下，如何整合不同主体之间的关系，消解分歧矛盾，实现共享共治是协同治理研究的一个重要方面。

再次，如何构建多中心协同治理评价体系。评价体系的构建是衡量多中心协同治理可行性的关键，当前对于多中心协同治理评价体系建设的研究较为欠缺，因此需要在今后的研究实践中予以更多关注。

三、国外关于创业投资的研究现状述评

国外对于创业投资的研究兴起于 20 世纪 80、90 年代，研究领域涵盖基本运作流程、管理方式、主体间关系、影响因素等。

（一）创业投资运作流程的研究

Flynn 和 Forman（2001）研究创业投资资本家和创业投资机构通过完善被投资企业的战略决策机制等方式提高企业的管理和盈利能力。Jeffrey（2010）运用博弈论分析创业投资公司和创业企业之间的最优合约，认为创业投资若想在退出市场时获得高收益，就要选择适当的退出时间。

（二）创业投资管理的研究

Botazzi（2008）在控制内生性的情况下证明创业投资重视人力资本，在该领域中拥有成功案例的创业投资机构拥有更加活跃的投资行为。兰德斯顿（2010）认为政府参与创业投资市场可能导致市场失灵。其作用应定位为规则制定者，消除各类市场障碍。

（三）创业投资主体关系的研究

Sahlman W.A.（1990）指出"委托代理"关系是创业投资公司与投资者关系的基本模式。创业投资公司愿意通过这种规范形式为投资者提供相应信息，两者的合约

应建立在激励的基础之上。Colombo 和 Cumming（2016）认为政府创业投资对创业投资行业发展具有双重性作用，一方面可以弥补私人资本的缺失，另一方面可能会导致政府寻租和对私人资本的挤出效应。

（四）创业投资影响因素的研究

Bygrave，Timmons（2011）对美国创业投资的外部环境进行了考察，建立了政策环境、社会价值环境、机构模型和地区环境模型，为创业投资环境评价提供了依据。Thomas Walker（2013）比较研究了不同国家、同一时期的创业投资发展状况，证明法律制度和经济水平的差异对创业投资发展水平的影响。

总体而言，国外对创业投资的研究具有以下特点：

首先，研究内容注重创投的运作和管理。例如，创业投资的契约机制、创业投资工具的数理分析、创业投资的评估体系和创业投资中的信息不对称关系等。

其次，研究的理论体系尚未完全建立。现阶段人们主要运用其他领域的现有理论工具来分析创业投资。例如，运用期权定价理论赋予投资更多选择权和弹性；运用资本资产定价模型计算风险和收益，达到投资优化组合；用博弈论分析委托代理关系等。

再次，基于经济、社会、文化环境的差异，人们对创业投资的制度背景，尤其是不同制度背景对创业投资运作的影响及产生的具体模式的相关研究还较少。

四、国内关于创业投资的研究现状述评

我国对创业投资的研究相对国外起步较晚，20 世纪 90 年代之后，我国开始对创业投资给予关注。研究领域主要涵盖以下几个方面：

（一）创业投资体系和机制的研究

王松奇等（1999）认为创业投资体系应建立在市场经济机制基础上并充分发挥两级政府的作用。成思危（2007）以创业投资运行各流程作为出发点，通过案例的整理分析解读中国创业投资的发展现状。田明（2010）认为创业板市场将促进我国创业投资的成熟发展，吸引更多民间资本进入。张俊芳、郭戎（2016）回顾中国创业投资行业发展历程及其阶段性特征，探讨中国创业投资行业在未来发展中需要关注的重点问题。

（二）创业投资运作过程的研究

廖理、张学勇（2011）认为创业投资机构的背景与被投资公司的股票表现相关，外资背景的创业投资机构更加偏好于较为成熟谨慎的投资策略。冯冰、杨敏利

（2014）认为当宏观经济上行并繁荣时，更多闲置资金进入创投行业，筹集资金的创业投资机构会增多。李广、黄福广（2016）认为当创业企业需要选择融资工具时，企业管理者的社会资本拥有程度会对是否选择创业投资产生影响。

（三）创业投资的影响因素及作用研究

孙晓梅（2009）认为中国创业投资行业发展的内在影响因素包括创投机构的约束机制、报酬水平和内部激励机制等，外在影响因素包括创投的退出方式、法律环境、创业市场的发育水平和政策环境等。刘崴（2012）认为影响中国创业投资市场的主要因素依次为政府政策、民营企业工业产值占比、创业投资资本中政府资金占比和IPO退出项目占比。蒲惠荧、苏启林（2014）通过对影响我国创业投资区域集聚和空间溢出因素进行计量分析，认为我国创业投资活动主要受区域创新资源、金融发达程度与政府支持性政策的影响。

（四）创业投资与区域、地方发展的研究

徐东（2010）分析了湖北创业投资行业发展现状和存在问题，并结合实际情况提出政策建议。张晓婧（2010）认为完善政府优惠政策、拓展融资渠道、引进人才三个方式可以推动河南创业投资的发展。崔毅、陈悦林等（2011）归纳总结我国五省市的创业投资区域集聚现象及其相关统计数据，结合广东省的自身情况提出政策建议。吕荣华（2014）以天津市创业投资发展水平为切入点，将其与北京比较，采用对比分析探究出天津市创业投资存在的问题并提出了相关政策建议。

总体而言，国内学者对于创业投资的研究呈现出以下特点：

首先，研究内容上，注重宏观问题的分析，微观运作机理方面的研究较少。目前，国内学者在宏观层面的研究主要集中在创业投资发展的基础条件、宏观运作机制、支持体系、环境特质等方面，且创业投资运行机理的研究偏向理论分析，大多将创业投资作为独立个体，研究其在发展中的偏好和特性。

其次，研究方法上，经验描述性研究偏多，实证性研究相对缺乏。经验性研究主要是评介国外创业投资发展的历史经验和特点并提出对中国的启示，或对国内创业投资进行个案分析并提出相应的对策。对于实证分析，数理模型的可行性以及数据来源的不确定性影响到研究结论的科学性，使其难以在实践操作中发挥指导借鉴作用。

再次，在研究取向上缺乏对创业投资发展整体战略思路、规模布局、效能评价的研究，尤其欠缺对我国不同地域的创业投资发展模式的探讨分析。

第三节 研究内容、研究方法与技术路线

一、研究内容

(一)解读并梳理创业投资与多中心协同治理的相关概念内涵和理论架构

这一部分一方面对创业投资的相关概念内容进行论述，另一方面对多中心协同治理理论的内涵定义、发展流变、模型建构以及理论应用进行深入分析解读，并在此基础上，阐明多中心协同治理与创业投资协同发展之间的逻辑联系。

(二)广东创业投资发展的现状及问题分析

对广东创业投资发展的优势成效(区位便利、资金充足、市场环境活跃等)及困境问题(政策法规供给滞后、融资及退出渠道单一、社会中介服务欠缺等)进行分析，着重从政府、市场、社会三个维度来探讨广东创业投资发展的现实状况，进而阐明广东创业投资发展的客观需求。

(三)国外创业投资的发展经验与特色模式分析

选取创业投资发展起步较早，体系较为健全，市场较为成熟的国家和地区，从政府、市场、社会三个维度分析这些国家和地区的创业投资发展模式，具体体现在法律法规与政策、融资渠道建设及退出机制、社会中介服务支持三个维度的特色经验，为构建广东创业投资协同发展的机制安排提供借鉴与参考。

(四)广东创业投资协同发展机制安排的论述

从问题意识出发，以解决需求为目标，依托多中心协同治理范式构建广东创业投资协同发展的机制安排，采取政府、市场、社会三方协作共治模式，体现为以下三个层面的机制安排：第一，政府层面的精准化政策有效供给与规范监管机制；第二，市场层面的多样化融资对接与退出选择机制；第三，社会层面的常态化中介服务和人才支持机制。三者相互依存、相互联系、相互协作，实现创投行业的协同、高效和可持续发展。

二、研究方法

(一) 文献研读法

本研究对国内外多中心协同治理及创业投资的相关理论研究成果和实践应用进行系统梳理，对其现状特征、发展趋势及适用性等予以归纳总结，进而提炼整合出可供选择的思路方法和文本案例，为研究提供充足的文献资源基础。

(二) 案例研究法

本研究选取相关国家作为案例分析的对象，探究不同国家和地区在创投法律体系建设、创投市场体系建设、创投社会服务体系建设等方面的特色经验与实践模式，进而为建构广东创业投资协同发展的机制安排提供思路启示和经验借鉴。

(三) 比较研究法

本研究在分析广东创投发展存在的问题及困境的过程中，着重通过比较广东与北京、上海、江苏、浙江等国内创投较为发达省份和地区在创投政策供给、融资渠道和退出方式选择、社会服务环境支持等层面的特点和差异，深入挖掘创投发展的劣势和不足之处，为明确其未来发展的目标方向提供参考。

(四) 定性、定量研究相结合

本研究一方面将采用社会科学中的参与观察、深度访谈等方法，另一方面运用定量方法 (相关分析、统计分析等)，使研究更具说服力和科学性。

三、技术路线

```
┌────────┐                                    ┌────────┐
│ 内在机理 │                                    │ 客观需求 │
└────────┘                                    └────────┘
      ┌──────────────────────────────────────────┐
      │ 创业投资多中心治理的内在机理和客观需求分析 │
      └──────────────────────────────────────────┘
              ┌─────────────────────┐
              │ 广东创业投资发展现状分析 │
              └─────────────────────┘
         ┌──────────────────────────────┐
         │     广东创业投资存在问题分析      │
         │ ┌──────┐ ┌──────┐ ┌──────┐ │
         │ │政府维度│ │市场维度│ │社会维度│ │
         │ └──────┘ └──────┘ └──────┘ │
         └──────────────────────────────┘
         ┌──────────────────────────────┐
         │ 国外创业投资发展模式及特色经验比较分析 │
         │  ┌────┐   ┌────┐   ┌────┐   │
         │  │美国│   │日本│   │欧洲│   │
         │  └────┘   └────┘   └────┘   │
         └──────────────────────────────┘
┌──────┐                                  ┌──────┐
│ 必要性 │                                  │ 可行性 │
└──────┘                                  └──────┘
      ┌──────────────────────────────────┐
      │ 广州创业投资协同发展机制安排分析 │
      └──────────────────────────────────┘
```

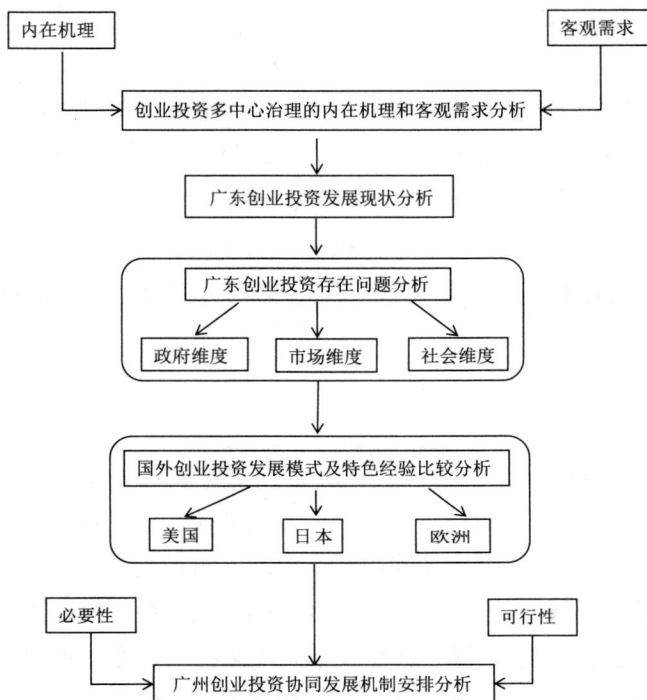

第四节 研究重点与创新点

一、研究重点

(一)考察广东创业投资发展的现实状况,挖掘存在问题并分析其客观需求

广东在创业投资发展过程中不但拥有许多特色优势,而且积累了丰富经验,这些优势和经验能够不断巩固并提升其在创业投资行业的重要地位。同时,随着创业投资环境的持续变化及市场运作的逐步调整,广东在创业投资发展过程中也面临着一些亟待解决的突出问题,对其今后发展将产生一定制约。因此,总结归纳经验优势,找出问题并探究成因成为明确广东创业投资未来发展方向,制定并实施应对方略的客观需要。本研究从政府、市场、社会三个维度来分析广东创业投资发展的现实状况,试图从中梳理出广东创业投资发展的客观需求。

（二）探究并论述广东创业投资协同发展的机制安排

基于协同治理范式的必要性和合理性，本研究对广东创业投资发展的机制安排进行考察：即采取协同共治的方式。协同共治的原则是多元开放、平等公正、共享共荣。机制安排主要包括以下三个层面：第一，政府层面的精准化政策供给与监管机制，着眼于政策供给，监督管理和法律支持；第二，市场层面的多样化融资对接与退出选择机制，着眼于融资渠道拓宽，退出机制完善；第三，社会层面的常态化中介服务和人才机制，着眼于中介评估服务、人才储备、技术和平台支撑等。通过三者的协同合作和沟通互动来促进创业投资行业的可持续、规范化和高质量发展。

二、研究创新点

（一）研究视角的前瞻性和延续性

以多中心协同治理理论为视角切入创业投资的研究中，这是以往研究不曾涉及的一个重要领域。由于创业投资在我国起步较晚，市场尚未成熟，运作体系还未完善，一些盲目、不规范的行为事件时有发生，同时创业投资易受外部环境变化的影响，因此，本研究从政府、市场、社会三个维度来探究广东创业投资发展的优势成效和制约因素，有利于以小见大，窥一斑而知全豹，真实反映广东创业投资行业的现实状况，挖掘潜在的客观需求，进而为明确未来发展方向并选择合理的发展模式提供思路指引。

（二）研究对象的针对性和可比性

本研究选取广东创业投资作为研究对象是基于其地域典型性和行业代表性的特征进行考量。地域典型性是指广东处于经济发达的改革前沿地区，其在创新创业领域的先行先试实践具有引领和示范意义。行业代表性是指广东创业投资在中国创业投资格局中占据突出地位，其发展方向和模式选择具有指标性意义。同时，由于国别、区域以及时空差异性等因素的存在，广东创业投资发展的机制安排与发达国家和其他地区在诸多方面存在不同，因此不能盲目照搬其模式，需要在结合自身发展实际和特点的基础上考察经验的可复制性和可操作性，进而做到扬长避短，不落窠臼。

第二章

基本概念界定与理论阐述

第一节　创业投资相关概念界定

一、创业投资的定义内涵

创业投资，亦称之为风险投资（Venture Capital）。从广义上讲，其泛指具有一切具有创新或创业性质的资金投放和增值活动行为。从狭义的规范性诠释来讲，则有不同的内涵定义。从国外对创业投资概念意涵的界定来看，主要是以国别不同（依据本国的创业投资实际情况）来进行区分。例如，美国对创业投资的定义是由职业金融家开展的，所投资的对象为新兴的、迅速发展的，本身具有较强竞争力的中小企业的一种权益投资。（NVCA 美国创业投资协会定义）；英国则将其定义为由专业的投资公司发起的、针对处于成长期且发展潜力巨大的未上市企业提供资金支持、并参与管理的投资行为。（BCCA 英国创业投资协会定义）；欧洲风险投资协会（EVCA）将其定义为一种由专门的投资公司向具有巨大发展潜力的成长型、扩张型或重组型的未上市企业提供资金支持并辅之以管理参与的投资行为。日本根据自身实际情况将其定义为发掘有成长潜力的企业，向其提供发展所必需的资金，并对企业进行必要的经营指导以促使其上市，或者通过其他手段退出企业的经营管理，让渡该企业的权益，并实现最终盈利的行为。

国内对于创业投资概念的界定则是根据研究领域、研究对象及研究方式的不同进行差异化的阐述。例如，最早国内提出创业投资的是成思危先生，他认为"所谓风险投资是指把资金投向蕴藏着较大失败危险的高新技术开发领域，以期待获得成功后取得高资本收益的一种商业投资行为。其实质是通过投资于一个高风险、高回报的项目群，将其中成功的项目进行出售或上市，实现所有者权益的变现，这时不仅能弥补失败项目的损失，而且还可使投资者获得高额回报。"[①] 另一位具有代表性的学者刘键均认为创业投资是指"创建企业"这种意义上的创业行为、创业过程及其结果。作为一种与"创建企业"这种特定意义上的创业活动相联系的投资方式，"创业投资"的确切概念则是指对创业企业进行股权投资，并通过提供创业管理服务培育和辅导创业企业，以期在创业企业相对成熟后通过转让股权方式获取中长期资

---

① 成思危.积极稳妥地推进我国的风险投资事业 [J]. 管理世界，1999 年第 2 期

本增值的一种投资方式。[①] 李艺认为创业投资是"通过一定机构和一定方式向各类机构和个人筹集风险资本，然后将所筹资本投入具有高度不确定性的高新技术企业或项目，并以一定的方式参与所投资的风险企业或项目的管理，期望通过实现项目的高成长率并最终通过撤出变现获得高额中长期收益的一项投资系统工程。"[②]

通过国外和国内对创业投资内涵的定义阐释，我们不难看出，创业投资的基本内涵应包括以下几个方面：

第一，创业投资具有自身的资本来源渠道。这些来源渠道既包括个人投资者，也包括各类的机构投资者。

第二，创业投资具有自身的投资对象。其投资对象主要是那些具有巨大发展潜力、项目可操作性强，且具备高成长性的中小型高新技术企业或项目。

第三，创业投资具有高风险和高收益。创业投资的一个重要特征就是巨大风险和巨额收益并存。高风险意味着投资失败的可能性较高，同时也孕育着极大的资本增值潜力。

第四，创业投资注重对所投资创业企业的运营管理。创业投资积极参与创业企业运营管理的目的在于挖掘企业或项目潜力，实时监控运作，确保投资风险可控，进而实现投资收益和资本增值。

二、创业投资的主要内容

（一）创业投资的主体构成

创业投资的主体构成主要分为三个部分：创业投资者、创业投资机构、创业企业。其中，创业投资者指的是创业投资活动中提供资本的投资者。创业投资者的种类广泛，既可以是个体投资者，也可以是机构投资者，还可以是两者的结合。以创投发展水平较为发达的美国为例，其创业投资者包括中小企业投资公司、大企业的子公司、独立性的私人投资者如个人富豪、创业投资家等，基金投资者如养老基金、保险基金等。欧洲的创业投资者则以银行、投资公司、保险公司、商业基金会、富豪人士、养老基金和个人或团体捐赠为主。在中国，随着创业投资发展的日益迅速，创业投资主体的范围不断扩大，但由于相关法律对于养老、保险及银行等涉足创业投资进行了针对性规定，在当前及未来一段时间，中国创业投资者的构成将以创业投资机构、个人投资者、政府等为主。

---

① 刘键均 . 创业投资制度创新论——对"风险投资"范式的检讨 [M]. 北京：经济科学出版社，2004 年版
② 李艺等 . 中国风险投资战略与制度 [M]. 北京：中国财政经济出版社，2003 年版

创业投资机构指的是通过向创业投资者募集资金，制定投资方案，选定投资项目，参与投资运营管理，最终实现项目收益并适时退出的中介机构。创业投资机构作为联结创业投资者与创业投资企业的纽带，其职能作用包括以下三个方面：首先，资金聚集。创业投资机构将社会上的闲散资金聚集起来，投向有需求的创业企业。其次，企业扶持。创业投资机构参与到创业企业的运营管理过程中，为其提供产品研发设计、市场宣传推广、效果反馈等多方面支持，帮助企业成长壮大。再次，风险控制。创业投资机构在投资过程中，借助阶段性投资、联合投资、组合投资等多样化的手段方式，及时与创业投资者、创业企业共享投资信息，合理控制投资规模，分散投资风险。

创业企业作为创业投资的需求方，即目标公司，一般指的是处于起步初创阶段或成长阶段的企业。这类企业具有明显的发展前景或高质量的技术成果，普遍缺乏将技术成果推向市场所需要的资本。如果其能够得到创业投资者的有效资金支持，不但可以使自身产品市场化，而且能够通过市场机制的运作带来高额的收益回报。

创业投资者、创业投资机构、创业企业三者的关系如下图所示：

（二）创业投资的组织形式

从全球范围来看，当前创业投资的组织形式主要包括公司制、有限合伙制、信托基金制等。

公司制是最早出现的创业投资组织形式，它指的是创业投资者出资成立创业投资公司进行投资经营活动。公司制通常包括有限责任公司和股份有限公司两种形式。对于有限责任公司和股份有限公司而言，创业投资者根据自己的出资额度承担有限责任。创业投资公司的实际运作则委托给管理层，具体项目的投资决策主要是由董事会或者股东会制定。在公司制的组织形式中，创业投资者作为公司的股东，其向公司提供注册资本金，通过聘用管理层进行管理和投资决策，管理层向董事会或股东会提交年度预算和决算报告。创业投资者按照股份比例取得股份分红和项目增值收益并依法向政府纳税。

有限合伙制指的是依据合伙企业法设立的一种组织形式。一般情况下，有限合伙制主要由两类合伙人构成：普通合伙人和有限合伙人。前者是由具备一定投资经验或技术的专业机构或个人担任，其对创业企业承担无限连带责任，拥有对创业企业的全面管理权；后者以其出资额为限度，对于合伙企业的债务承担有限责任，对创业企业不拥有管理权。普通合伙人和有限合伙人之间有着清晰的权利和义务以及明确的激励和约束，能够促进有效资本供给和专业投资管理的衔接，进而形成一个运转高效的投资运作体系。有限合伙制的突出特点在于出资权和管理权的合理分离，能够充分发挥创业投资者和企业管理层的优势，形成促进创业投资规范运作的合力。

信托制，又称信托基金制。其按照"利益共享、风险共担"的准则，采用发行基金的形式，将社会上的闲置资本聚集起来，形成具有一定规模的资产，将资产交给专业化的投资机构进行分散投资。创业投资者按照具体的出资比例获得相应收益并承担风险。其中，发行基金的形式包括基金单位、基金股份、收益凭据等。信托制自身按照组织形式可以分为两类：公司型和契约型。公司型组织与上述的公司制组织形式类型相似，契约型组织则是根据信托关系建立创业投资者、专业的创业投资家以及基金托管者三方的合约。创业投资者购买基金后由基金托管者（银行等金融机构）保管并委托创业投资家进行基金的管理运营。信托制的突出特点就是受托管理机构行使对信托基金资产的经营权、所有权、占有权和处置权并承担相应的义务和责任。创业投资者获得基金管理运作的收益，创业投资家和基金托管者获取管理费和保管费。

（三）创业投资的运作过程

完整意义上的创业投资运作过程，一般涉及到创业资本供给方（创业投资者）、创业资本运营方（创业投资机构）以及创业资本需求方（创业企业）。实际操作中，创业投资的运作过程主要分为三个阶段：融资（筹资）阶段、投资（管理）阶段、退出阶段。

（1）融资（筹资）阶段。融资（筹资）阶段指的是筹集创业投资资本的阶段。从广义上来讲，融资（筹资）阶段既包含创业投资机构向创业投资者获取创业投资资本，也包括创业企业从创业投资机构获取创业投资资本；从狭义上来讲，融资（筹资）阶段仅包含前者。融资（筹资）方式则分为正式募集和非正式募集两种，前者指的是创业投资机构依照相关法律法规募集的资本，主要包括银行、证券公司、保险公司等金融机构的资本，养老基金，企业、政府机构出资成立的产业投资基金等；非正式募集资本则主要来自个人投资者、创业投资家、家族基金等。

同样，创业投资资本筹集的影响因素包括供给和需求两方面。从供给方面来讲，企业的直接投资、政府机构的间接支持以及其他类型的个人和机构投资者的投资选择会影响创业投资资本的有效供给。从需求的角度来讲，准入门槛的降低、税收的优惠、人才的培养等会激发创业机构的创业信心和投资热情，进而增加对创业投资资本的需求，有利于创业投资资本的筹集。此外，创业投资机构能否成功筹集到创业投资资本还取决于自身的专业能力、过往投资业绩表现以及信誉度。一般来说，具有高素质专业能力、良好绩效表现以及业界信誉度高的创业投资机构更加容易获得创业投资者的青睐和关注。

（2）投资（管理）阶段。创业投资的投资（管理）阶段可以分为投资决策阶段和管理阶段。作为创业投资运作过程重要阶段的决策阶段指的是创业投资对投资项目的搜集获得、分析筛选、调查评估、合同签订。

对于项目搜集而言，投资项目的数量和质量至关重要。一般情况下，创业投资项目的主要来源主要包括政府、中介机构、股东业主的推荐，媒体的宣传，朋友、银行介绍等。

对于分析筛选而言，创业投资机构会针对项目的技术可行性、市场前景、管理团队、财务状况、公司治理结构、盈利方式、信用状况等方面做出选择判断。

对于调查评估而言，创业投资机构会通过尽职调查来检验创业企业的资质。尽职调查通常包括对创业企业的实际业绩、管理人员的知识和能力背景、内部风险管控、企业文化等进行全面而深入的审查，确保投资决策的科学性。

对于合同签订而言，经过项目搜集、初步筛选以及调查评价之后，创业投资机构（创业投资家）、创业企业双方针对项目交易价格、权利和责任、退出方式、利润分配等达成最终协议，签订合同。

管理阶段指的是决策阶段之后，创业投资机构参与到创业企业的运营管理，如参与对企业的经营战略、组织结构调整等重大决策活动，确保创业企业的资本增值与资本回收。创业投资机构一般具备较强的专业化管理能力，对于创业企业的运营管理、产品的宣传推广、上市时机和方式选择等方面积累了丰富的实践经验，因此，创业投资机构参与创业企业的运营管理对于创业企业的成长和壮大会起到引导、扶持和推动作用。

一般而言，创业投资机构参与创业企业的运营管理主要通过以下方式：首先，选择运营管理专家进入董事会，定期审阅财务报表；其次，为创业企业引入各类高素质的专业管理人员；再次，参与企业关于运营目标、发展战略和长期规划等重大决策的制定；最后，为企业上市进行筹划和准备。

（3）退出阶段。创业投资的退出是创业投资运作过程中最为重要的环节。其指的是创业投资机构在所投资的创业企业发展相对成熟之后，将所投资本由股权形态转化为资金形态。退出的目的在于创业投资机构能够将创业投资资本从成功企业转移到其他创业企业，实现创业投资资本的循环利用和合理配置，减少风险，力求收益最大化。创业投资的退出方式主要包括以下四种：

首先，IPO首次公开发行（公开上市）。它指的是创业企业在证券市场首次公开发行股票，实现资本增值，获得投资收益。创业投资机构通过IPO首次公开发行能够将其所持有的、不可流通的股份转变成可流通的股票，进而成功退出创业企业。

其次，并购。它指的是创业投资机构出售其所投资创业企业的持有股权，实现创业投资资本退出的产权交易行为。并购可以分为一期并购和二期并购。一期并购指的是创业企业被其他企业收购或兼并，创业投资机构退出投资；二期并购指的是创业投资机构将股份出售给其他创业投资机构，进行第二轮投资。

再次，回购。回购指的是创业企业以现金、票据等有价证券的形式赎回创业投资机构持有的股份，进而实现投资收益的退出方式。回购的类型主要有三种：一是管理层收购（MBO），即创业企业的管理层运用各类金融衍生工具回购股权。二是员工收购（EBO），即创业企业全体员工利用杠杆融资购买企业股权。三是创投企业利用本企业的现金或票据回购股权。

最后，破产清算。它指的是在创业企业的实际运营状况与预期目标背离较大、财务状况极度恶化、债务负担严重等条件下，创业投资机构无法通过IPO、并购、回购等方式从创业企业退出，而对创业企业的财产、债权、债务进行破产清算。

创业投资的四种退出方式，在投资回报率、退出成本、退出时限等方面各有不同。IPO的回报率最高，但其退出成本较高且退出时限较长；并购与回购的退出成本相对较低，退出时限较短，但回报率较低；清算相比IPO、并购和回购，其回报率最低，但退出成本最低且退出时限最短。因此，创业投资机构应根据创业企业的经营状况以及创业市场的发展态势选择适当的退出方式。

第二节　多中心协同治理理论及应用阐述

一、协同治理的内涵解读及价值意义

（一）协同治理的内涵解读

最早提出多中心协同概念的是英国学者迈克尔·博兰尼，他在著作《自由的逻辑》中通过比较计划经济和市场经济两种经济运行方式，归纳出"集中指导"和"自发秩序"两种相对应的制度安排。"集中指导"的制度安排是一种"设计或指挥的秩序"，主体是一元或单中心的。"自发秩序"的制度安排中则存在相互独立的不同主体，不同主体之间基于一定的准则相互适应，主体既可以自由谋求其利益偏好，也需要服从既定规则的约束。不同主体通过相互协调整合的方式完成多中心的任务，进而形成多中心的体系，这就是自由的逻辑。多中心体系的形成可以弥补单中心秩序的缺陷。①

隶属于"印第安纳学派"的文森特·奥斯特罗姆和埃丽诺·奥斯特罗姆夫妇在博兰尼"多中心"论断的基础上，提出了"多中心协同治理"理论。埃丽诺·奥斯特罗姆在代表性著作《公共事务的治理之道》中认为，在私有化和国有化两个极端之间，存在其他多种可能的治理方式。与政府加强各项规章以及纯粹的市场化方式相比，社区可以独自更好地管理森林、湖泊和渔场等公共资源，以避免"公地悲剧"和"囚徒困境"的简单博弈对公共资源和公共领域治理的负面影响。一群相互依赖的个体"有可能将自己组织起来，进行自主治理，从而能在所有人都面对搭便车、规避责任或其他机会主义行为诱惑的情况下，取得持续的共同收益"。② 她在另一著作《公共服务的制度建构——都市警察服务的制度结构》中指出，"'多中心'意味着有许多在形式上相互独立的决策中心……它们在竞争性关系中相互重视对方的存在，相互签订各种各样的合约，并从事合作性的活动，或者利用核心机制来解决冲突，在这一意义上大城市地区各种各样的政治管辖单位可以以连续的、可预见的互动行为模式前后一致地运作"。③ 由此不难看出，多中心协同治理理论研究的问题领域聚焦于公共事务领域，涉及到公共事务领域内部的秩序和制度安排，而且研究视角不再局限于原先的单一角度（政府），而是纳入新的分析要素。正如学者麦金尼斯指出的那样，"多中心作为一个概念包含着一种审视政治、经济以及社会秩序的独特方法。在政府治理中，'多中心'思想是一种直接对立于一元或单中心权威秩序的思维，它意味着政府为了有效地进行公共事务管理和提供公共服务，实现持续发展的绩效目标，由社会中多元的独立行为主体要素（个人、商业组织、公民组织、政党组织、利益团体、政府组织），基于一定的集体行动规则，通过相互博弈、相互调适、共同参与合作等互动关系，形成多样化的公共事务管理制度或组织模式以促进发展。"④

奥斯特罗姆认为，多中心协同治理应具有以下特征：

首先，多中心协同治理具有差异化的结构。在地方的民间社会生活中，作为独立的决策主体，公民所拥有的自治、自主管理等力量针对特定的公共问题而存在，

---

① （英）迈克尔·博兰尼.自由的逻辑 [M].长春：吉林人民出版社，2002年版
② （美）埃丽诺·奥斯特罗姆.公共事务的治理之道 [M].上海：上海三联书店，2000年版
③ （美）埃丽诺·奥斯特罗姆.公共服务的制度建构——都市警察服务的制度结构 [M].上海：上海三联书店，2000年版
④ （美）麦金尼斯.多中心体制与地方公共经济 [M].上海：上海三联书店，2000年版

这些主体依据一定的规则范式形成灵活多样的集体行动组合，需求合理高效解决公共问题的方式。

其次，多中心协同治理将公民参与和自治视为治理策略。多中心协同治理强调公民参与和社群自治的重要性，这是多中心协同治理发挥自身作用的必要条件和保障。奥斯特罗姆秉持这样的信念：公民与社群具有"心灵的习性"，能够在多中心秩序下履行各自的定位职能。

再次，多中心协同治理秩序下多元主体的利益诉求呈现多样化。多元主体的多样化利益诉求在治理过程中经过对话、协商与妥协，最终实现整合和平衡。

最后，多中心协同治理能够为不同性质的公共物品和服务提供多种类型的制度选择。这主要包括：为差异化的公共行为提供更为合理的决策。"多中心治理结构为公民提供机会组建许多个治理当局"①，这使得每个特定的主体都能够获得相应的服务；多中心治理体系通过多样化、多层面的公共控制将具有外部效应的事项治理内在化，使公共治理具备与私人治理类似的性质，从而避免公共产品或服务供给不足或过量；充分保证公共问题决策的科学性和民主性。

奥斯特罗姆认为，多中心协同治理的成功运作需要解决如下问题，从而达到最终目标。

首先，制度供给。奥斯特罗姆认为制度供给的核心是如何提供新制度。供给新制度本质上与提供公共物品相似，在提供新制度的过程中必然存在着二阶集体行为的困境，"既然制度供给是一个集体物品，理性人寻求的是免费确保自己的利益，就仍然会有制度供给的失败"。② 因此，解决集体行为困境的制度形式不能够由单一的委托人来提供，而是需要通过建立相互信任和培育社群合作观念来予以解决。

其次，可信承诺。解决制度供给问题之后，接下来需要解决的另一个问题就是如何获得可信承诺。可信承诺实质上是对规则的遵守和认同。问题资源占用者所制定的制度严格制约着具体的行为，如果每一行为人都能够遵守这些制度，资源要素就会以更有效、更合理的方式进行分配，冲突就会减弱，矛盾就会消弭，资源系统自身的发展将会不间断地持续下去。但"目前的问题是一个自组织的群体必须在没有外部强制的情况下解决承诺问题。他们必须激励他们自己去监督人们的活动，实施制裁，以保持对规则的遵守"。③ 因此，可信承诺以可信制裁和理性计算作为基础，

---

① （美）埃莉诺·奥斯特罗姆. 制度激励与可持续发展：基础设施政策透视 [M]. 上海：上海三联书店，2000 年版
② （美）埃丽诺·奥斯特罗姆. 公共事务的治理之道 [M]. 上海：上海三联书店，2000 年版
③ （美）埃丽诺·奥斯特罗姆. 公共事务的治理之道 [M]. 上海：上海三联书店，2000 年版

表现形式为 Ct>Bt-S（Ct 为遵守规则；Bt 为违反规则；S 为受到制裁）。可信承诺具有相互性，即我遵守以你遵守为前提。

最后，监督。委托人如何才能对遵守规则的情况进行相互监督，这是需要解决的问题。没有监督，不可能有可信承诺；没有可信承诺，就没有提出新规则的理由。[①] 在一个社群内部的自我管理过程中，监督必须是相互的。只有依靠相互监督，遵守规则的承诺才会变得有效可信。较小范围或小规模的社群当中，个体之间经常面对面接触，这为相互监督提供了便利条件。在存在个体监督者的情况下，相对成本与收益的配置比以前有所差异，会出现监督成本较低、个人收益较高，或者两者兼具的现象。

综合上述分析，可以总结归纳出多中心协同治理理论的主要内容：三个维度、三个条件和四种变化。

多中心治理强调对公共领域治理从三个维度入手：政府维度、市场维度、社会维度。

政府维度：政府不是唯一的主体。在多中心协同治理理论的视域下，政府与市场、社会并不显著对立，它不是单一的治理主体，市场、社会同样参与到公共领域的治理过程。正如奥斯特罗姆所指出的，"把有局限的但独立的规则制定和规则执行权分配给无数的管辖单位，所有的公共当局具有有限但独立的官方地位，没有任何个人或群体作为最终的和全能的权威凌驾于法律之上"。[②] 政府的角色是中介性质的，其不再通过简单地发号施令或者采取行政干预等措施来处理公共问题，而是注重制定公共领域的战略框架和主体的行为规则。政府也不再垄断公共产品和服务的供给，而是通过与市场、社会之间的协调合作，更好、更便捷地满足公共领域的各种利益需求，进而实现治理目标。

市场维度：市场参与公共领域的治理。在多中心协同治理理论的视域下，公共领域的治理同样离不开市场的参与。现代社会生产力的日益提高使得社会分工协作更加精密细致，客观上促进了公共产品生产和供给的分离。原先由政府提供公共产品的职能可以由市场来分担。一方面，在市场机制条件下，公共产品的生产促进了供给与需求之间的平衡；另一方面，市场基于收益——成本考量，会不断提高公共产品的供给效率，这就为市场参与公共领域的治理提供了可能。

社会维度：社会参与公共领域的治理。奥斯特罗姆利用博弈论作为分析工具剖

① （美）埃丽诺·奥斯特罗姆. 公共事务的治理之道 [M]. 上海：上海三联书店，2000 年版
② （美）埃丽诺·奥斯特罗姆. 公共事务的治理之道 [M]. 上海：上海三联书店，2000 年版

析了解决公共问题要么彻底私有化要么强化集权的偏颇观点，并提出了新的解决方法，即人们通过自主合约和自筹资金，形成并组织起相互依赖的个体，从而实现问题的有效解决和共同收益的取得。在实践中，公共领域和各项资源的调配既离不开政府的指导，也离不开市场的调节，同样也不能忽视社会的积极作用。个人、社会组织、利益团体等作为社会的重要组成部分，在公共领域相互联系、相互依赖，这些要素能够通过持续的协调整合实现自主治理，积极主动参与公共领域的治理，进而规避公共领域治理的各种困境，如政府控制过度僵化、市场调节失灵等，从而实现风险共担、利益共享。

如同单中心治理一样，多中心协同治理也会失效。因此，多中心治理的运作需要必要的条件来支撑。建立有效的多中心治理体系应该具备三个条件：一是不同政府单位与不同公共物品产生效应的规模相一致；二是在政府各单位之间建构相应的机制安排，采取互利的共同行动，避免集体行为的困境；三是制定额外的决策机制来解决政府单位之间的矛盾和分歧。①

多中心协同治理强调对公共领域治理需要容纳和适应新的变化：治理主体多元化、治理结构网络化、治理目标专一化、治理方式多样化。

治理主体多元化：政府不再是提供公共产品和服务的唯一主体，企业、社会团体、非营利性组织、民众等都是公共领域的主体，其通过不同方式行使主体性权力，通过协调合作共同参与到公共领域各项事务的治理。

治理结构的网络化：公共领域事务的复杂性客观上要求各类主体之间打破隔阂和阻碍，相互联系，相互作用，形成治理体系的网络结构。各个主体作为网络体系的不同节点，彼此之间通过强化互动、沟通和交流来解决问题。

治理目标的专一化：不同主体参与到公共领域事务的治理，目的在于协调彼此之间的利益差异，满足公共领域多样性的需求。评价公共领域治理效果好坏的一个重要标准就是，能否有效利用各类资源要素提供公共产品和服务来满足社会的个性化和多样化的需要。

治理方式的多样化：多中心治理提倡开放性、公平性、高效率和多元参与等价值理念，这就意味着政府在公共领域中的角色和职能转变。政府需要改变传统意义上的权力运用方式，与其他主体之间进行竞争、互动、合作，既积极调动自身的能动性，又充分发挥其他主体的优势，达成治理意愿的一致，形成合力，从而实现对公共领域的有效治理。

---

① （美）麦金尼斯. 多中心体制与地方公共经济 [M]. 上海：上海三联书店，2000 年版

（二）多中心协同治理理论的价值意义

与传统治理理论相比，多中心协同治理理论有其自身的特色和优点。其价值意义体现在以下三个方面：

首先，多样化的机会选择。多中心协同治理机制的存在，使得每个个体都能够同时在几个政府所辖单位中保持公民身份和地位，进而获得所需的服务。而多中心协同治理的良好运转则需要以独立不受干涉的选举作为必要条件。"一个管辖单位的官员不能对其他管辖单位的官员行使上司权力，因此不能控制他们的职业发展"，如果对管辖属性有争议的话，可以借助"行政等级以外的法院或其他冲突解决论坛裁定"[1]。多中心治理能够提供多样化的可供选择机会，公民就可以"用脚投票"（Vote by foot）或者"用手投票"（Vote by hand）来行使类似私人消费者那样更多的权利。

其次，促进公共产品和服务供给的合理配置。公共经济学认为，由于公共领域存在"搭便车"行为，个人所能提供的公共产品显然不足，政府公共部门必然会介入到公共产品和服务的供给中来，维持供给的可持续性。而公共选择学派则认为政府在提供公共产品和服务的过程中往往会"事倍功半"，例如，政府官员可能因追求行政绩效而对产品和服务的需求有所选择和取舍，采取"短视"的功利行为（投入周期短、见效快的项目）；由于垄断化的生产运营，政府不重视产品的成本收益核算，使供给成本大大提升；政府行政机制的界限和僵化使大规模的、具有外在效应（正面或负面）的事务难以得到妥善解决等。对于这些情况，协同治理机制及服务体系利于"维持社群所偏好的事务状态"[2]，通过消除繁杂事务的负外部性，将服务或产品供给系统整合以提高经济效益。这样一来，诸如以"搭便车"行为为代表的公共困境就会大大减少，公共产品和服务的供给也会持续下去。

再次，多中心决策的有效性和民主性。传统意义上的公共决策理论认为应该由政府机构或领导层来做出科学合理的决策，因为政府机构或领导者拥有全面而丰富的信息资源、高素质的咨询专家团体以及前沿先进的科技手段予以支持。毋庸讳言，对于全国范围的公共问题决策，如产业规划、宏观管理、生态保护、国防外交等，政府机构和领导层决策的合理性和可行性较高，但是对于直接与民众日常生活密切相关的公共问题来说，决策的关键则是区域性、地方性的知识和信息资源。这些知识和信息资源具有很强的时效性和地域性特征，突出表现为地方性公共事务规模巨大，变化频繁，复杂性强。而政府机构和领导层下基层调研的时间短暂，获取

---

① （美）埃莉诺·奥斯特罗姆.制度激励与可持续发展：基础设施政策透视 [M].上海：上海三联书店，2000 年版
② （美）麦金尼斯.多中心体制与地方公共经济 [M].上海：上海三联书店，2000 年版

信息的渠道狭窄，同时也存在着为特殊利益群体所蒙蔽而无法了解真实情况的可能性，其决策的效果会大打折扣。因此，对这些事务的决策主要由本区域内的职能人员和居民来进行。这与多中心协同治理的要求不谋而合，多中心协同治理强调决策中心深入到基层和地方，在多层次对事务进行决策。实践中，集体和宏观层面的决策和微观的个人决策相结合，前者作为决策基础，要尽可能吸纳基层组织和公众参与，尊重地方性意见，充分利用地方性时间和信息做出决策。

实质上，多中心协同治理的组织结构与传统的治理有所区别，前者存在着不同规模、多层次的组织，组织之间相互作用、相互竞争、相互协作，使得差异化的公共利益得到实现。按照多中心治理的治理思路，治理的运行机制可以分成四种模式：极权模式、官僚制模式、多中心协同模式、分散模式（见表1）。

表1　治理的运行机制（模式）

	极权模式	官僚制模式	多中心协同模式	分散模式
治理方式	越级指挥、领导制	层级结构、制度化	竞争、协调、机制化	无秩序、竞争过度
自主程度	无	部分	自主为基础	自由放任
治理范围	特定时期和范围	范围广泛、事项单一	范围灵活、事项复杂多变	已造成公共困境
治理效率	无效（多）	有效	有效	无效

由此可见，前两种模式属于集权性模式，后两种模式属于分权性模式。集权性模式和分权性模式各有优点和弊端，在治理实践中应防止过度集权和过度分权，而多中心协同治理模式能够有效避免这两种情况的出现。

总体而言，多中心协同治理理论为打破公共管理或治理中原先由政府提供服务和产品的单一模式，吸纳公民组织、利益团体、商业机构、民众、非政府组织和个人等多元主体主动参与到公共管理或治理，探究并解决公共领域的各类困境问题以满足潜在和现实需求提供了新的研究思路和机制方式。

二、多中心协同治理理论模型分析及其应用

(一) 多中心协同治理理论模型分析

1. 公共事务治理的理论模型

在多中心协同治理理论出现之前，对于公共事务治理的理论模型主要分为三种：加勒特·哈丁的"公地悲剧"模型、"囚徒困境"博弈论模型以及奥尔森的"集体行动的逻辑"模型。

"公地悲剧"模型：1968年，加勒特·哈丁在《科学》杂志上发表《公地悲剧》（*The Tragedy of the Commons*），提出了"公地悲剧"模型。加勒特·哈丁假设存在一个对"所有人开放"的牧场，其中每个牧羊人都是理性的，每个牧羊人都能从自己的羊群中获得直接收益。而当出现过度放牧的情况，牧羊人只需要承担一部分损失。这样一来，每个牧羊人增加牧羊数量的积极性就会大大提高。加勒特·哈丁认为："这其实是一个悲剧。每个人都被锁定进一个系统。这个系统迫使他在一个有限的世界上无节制地增加他自己的牲畜。在一个信奉公地自由使用的社会里，每个人追求他自己的最佳利益，毁灭是所有的人趋之若鹜的目的地。"[①]

"囚徒困境"博弈论模型："囚徒困境"模型实质上是"公地悲剧"模型的进一步深化和发展。这种模型假设将存在于一块公共放牧草地中的牧羊人作为博弈对局中的对局人，对局人双方都有完整的信息呈现：羊群的总数量为L，对于对局人双方存在两种选择，一是羊群数L/2，另一个是大于L/2。对局人双方如果选择"合作"方式，那么双方都应该选择L/2，那么双方将各获得十个单位的利润；如果双方选择"背叛"彼此，那么其中一方应选择羊群数大于L/2，另一方选择应在L/2之内，结果是其中一方获得十一个单位的利润，另一方获得负一个单位的利润。实质上，这是一种非对称形式的合作博弈，即对局人双方不能互动交流，双方在通常情况下都会进行理性选择，即相互"背叛"，选择适合自身"最佳"策略的均衡而不是帕累托意义上的最优选择。[②]

"集体行动逻辑"模型：奥尔森在《集体行动的逻辑》中提出了该模型。奥尔森针对只要存在着一种与群体有关的利益，就能够引发集体行动去获取这一利益的理论假设提出了挑战。奥尔森认为："除非在集团成员同意分担实现集团目标所需成本的情况下给予他们不同于共同或集团利益的独立激励，或者除非强迫他们这么做，不然的话，如果一个大集团中的成员有理性地寻求使他们的自我利益最大化，他们不会采取行动以增进他们的共同目标或集团目标。"[③]

2. 多中心协同治理理论模型奥斯特罗姆认为，无论是"公地悲剧""囚徒困境"，还是"集体行动逻辑"理论模型，三者既不充分，又难以认知。不充分指的是这些理论模型以"公共困境"作为单一结构假设，分析局限于实际操作层面，没有考虑并探求自主性组织的内部变量（宏观宪制层次的影响）和外部变量（信息成本、交易

---

① （美）埃丽诺·奥斯特罗姆.公共事务的治理之道[M].上海：上海三联书店，2000年版

② （美）埃丽诺·奥斯特罗姆.公共事务的治理之道[M].上海：上海三联书店，2000年版

③ （美）埃丽诺·奥斯特罗姆.公共事务的治理之道[M].上海：上海三联书店，2000年版

成本等限定性因素）的影响和作用。难以理解指的是所谓的集体行动理论空有理论结构，却并未对公共事务的治理提供任何有帮助的、建设性的政策建议。这些理论模型的根本缺陷在于没有深入挖掘并展现制度变迁的渐进性和自主转化的本质。

由于公共事务治理的理论模型存在着种种不足，奥斯特罗姆从制度分析和经验研究两方面对公共事务治理进行深入研究，提出以自主治理和自主组织为核心的多中心协同治理理论作为公共事物治理的一种新的解决方案。

从制度分析的角度看，奥斯特罗姆认为，首先，传统的公共领域研究者将"囚徒困境"作为始终不变的基本结构，而且局限于对单一层次的分析，但实践中，对于公共资源的博弈，不仅存在非合作性质的博弈结构，同时也存在着合作性质的博弈结构。其次，对于集体行动的分析不能够局限于操作层面，制度层面的讨论不能忽视。影响集体行动的制度可以分为三个层次：宪制层次、集体选择层次以及操作层次。宪制层次研判宏观决策，集体选择层次制定并管理决策，操作层次则是供给、实施和监督决策。在三个层次的行为规则中，由于每一个层次的行为规则变化是在其上一层的结构之下产生的，较高层次的规则变更难度较大、成本较高，进而影响到规则下的行为预期的稳定性。再次，基层的论坛、规则选择、实施与否需要纳入到分析过程之中。论坛分为正式形式与非正式形式两种，正式论坛包括国家层级和地方层次的论坛等，非正式论坛则包括民间协会、资源整合团队、民众自发结社等。正式和非正式的论坛、对规则的取舍以及治理单位的行为都会相互影响、相互作用。

从经验研究的角度看，奥斯特罗姆通过分析世界各地的各类型公共选择案例，指出在摆脱自然纷争状态投入自主合约的博弈过程中，拥有权利与承担义务的均衡是所有相关主体的普遍共识，这些共识是成功实现自主合约治理的实质要素和条件，可以归结为以下八项原则：①分享资源单位的个人或家庭之间的边界界定清晰；②制度使用、供给与当地具体情况相适应；③集体选择安排；④有效监督；⑤逾越"规则"的分级制裁；⑥低成本如论坛式的冲突协调机制；⑦对组织权的认可；⑧分权制组织。① 这些原则视为解决制度供给、可信承诺以及相互监督问题而存在。

基于制度层次和经验层次的分析，奥斯特罗姆建构了层次化的多中心协同治理的组织结构，并引申出面向公共需求的多中心协同治理理论模型。

对于公共领域的治理，主要以供给公共产品和公共服务作为导向。与之相对应的，对于公共需求的满足或实现一定程度上可以视为以提供产品和服务为导向的具体体现。尤其是随着公共需求变得更加多样化、复杂化和动态化，政府机构所拥有和可支配的资源要素相对有限且较为稀缺，其不可能单独、及时、高效、优质地满

---

① （美）埃丽诺·奥斯特罗姆. 公共事务的治理之道 [M]. 上海：上海三联书店，2000 年版

足全方位、多层次、多面向、多变化的公共需求，因此有必要建构多中心协同治理结构，即实现以政府为主的一元化治理向政府组织、市场组织、社会组织的多元化治理转变，由多元主体通过协作实现自主性治理，进一步拓展公共需求的供给主体和供给模式。在多中心协同治理结构中，政府组织、市场组织、社会组织这三类行为主体以满足或解决公共需求为目标指向，分别提供必要的公共产品和公共服务。这三类主体之间的互动关系是三位一体的，即政府组织、市场组织、社会组织通过彼此之间的协作共治，实现公共需求的满足。以理论模型的形式呈现如下：

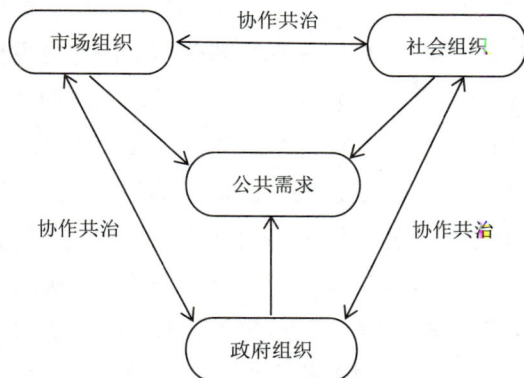

从多中心协同治理的理论模型可以看出，一方面，政府组织处于市场组织、社会组织下方，其意涵在于强调政府组织作为多中心协同治理结构的重心，对市场组织、社会组织具有支撑作用，承担着引导、组织和协调的职能。另一方面，市场组织、社会组织作为参与多中心协同治理的主要行为主体，各自发挥委托代理、中介辅助、自愿参与、社群活动等积极作用，与政府组织共同形成面向公共需求的，网络化、多样化、动态化的稳定治理架构。而政府组织、市场组织、社会组织这三类行为主体之间协作共治关系的形成不但有助于公共领域治理的平等开放格局的塑造，更有利于各行为主体公正平等、无差别、无先后次序提供公共产品和公共服务，从而实现公共治理的良治、善治。

理论模型是理论思想的形象化展现，究其实质，多中心治理结构可以看作是传统的单向度主从层次话语体系向多向度的多元平等话语体系的转变，在转变过程中，政府组织、市场组织、社会组织这三类行为主体不但通过建立制度信任和非制度信任相结合的信任机制来保证公共需求的切实满足，而且充分发挥自身组织的积极调节、补充作用，使多中心协同治理结构内部的组织性和自主性得以强化，为各要素功效发挥到极致提供可能，以最终实现"1+1>2"的协同治理效果。

（二）多中心协同治理理论的应用

作为公共管理（治理）领域典型代表研究范式的多中心协同治理理论引入到我国的时间虽然不长，但学界对其研究的热度和力度日益提升，研究的范围不断扩展。当前，多中心协同治理理论在我国的具体研究领域主要集中于教育、环境保护、城乡治理、区域协调发展等方面。

1. 教育领域。曲正伟认为多中心协同治理在我国义务教育治理中具有适用性，义务教育一方面应保持各治理主体之间的均衡，另一方面应强调政府的智能角色。[①]龙献忠认为多中心协同治理介入高等教育的基础是市民社会发展程度。高等教育的多中心治理应发挥政府部门、高等院校和社会力量这三方面的合力作用。[②] 李响将高校思想政治教育管理主体分为四个部分：高校党委、相关政府机构为代表的决策主体；高校行政机关为代表的执行主体；思想政治教育专家为代表的咨询中介主体；学生为代表的评价反馈主体。各主体之间相互合作，相互支持，从整体上提升思想政治教育管理的水平。[③] 吕淑芳认为中国县域义务教育均衡发展应借鉴多中心协同治理理论范式，积极发挥政府部门、学校领导和社会力量的功能角色。[④]

2. 环境保护领域。刘芳雄针对温州企业发展不重视环境保护责任的现实，提出多中心协同治理温州环境问题的路径：发挥政府部门、市场（企业）、社会力量（行业协会）的主体作用。[⑤] 严丹屏等通过分析政府为中心、市场为中心这两种生态环境治理模式特点及局限性，提出建构新时期生态环境多中心协同治理模式，实现生态环境保护多中心治理的必要性和可行性。[⑥] 汪泽波等在分析京津冀地区环保治理各参与主体角色作用的基础上，基于多中心协同治理理论建构政府部门、企业、NGO环保组织的协同治理模式，并论证该模式的必要性和实效性。[⑦]

3. 城乡治理领域。陈敬德认为"单中心"的科层制是造成我国农村地区公共服务供给不均衡的根本原因。为消除供给的不均衡，应构建"多中心"的治理体系，

---

① 曲正伟. 多中心治理与我国义务教育中的政府责任 [J]. 教育理论与实践，2003 年第23 期
② 龙献忠. 论市民社会发展背景下的高等教育多中心治理 [J]. 大学教育科学，2010 年第4 期
③ 李响. 多中心治理：高校思想政治教育管理主体的解构与培育 [J]. 学校党建与思想教育，2016 年第 1 期
④ 吕淑芳. 县域义务教育均衡发展的若干途径——基于多中心治理理论的视角 [J]. 教育与教学研究，2013 年第 3 期
⑤ 刘芳雄. 多中心治理与温州环保变革之道 [J]. 企业经济，2005 年第 4 期
⑥ 严丹屏，王春凤. 生态环境多中心治理路径探析 [J]. 中国环境管理，2010 年第 12 期
⑦ 汪泽波，王鸿雁. 多中心治理理论视角下京津冀区域环境协同治理探析 [J]. 生态经济，2016 年第 6 期

一方面强化村民自治，大力扶持农村社会组织的力量，另一方面则积极培育农村社会资本，实现产业在地化。[①] 邱玉婷引入多中心协同治理理论，系统梳理政府部门、农民、农村社会组织、农业市场等不同主体在新农村建设中的角色作用，探究多元主体治理农村公共事务，推进农村社会善治的路径方式。[②] 曾伟等在对多中心协同治理理论内涵、社区自治的必然性以及治理主体功能定位进行分析的基础上，提出在多中心协同治理视域下加强城市社区自治机制建设的对策思考。[③] 张衔春等以美国城市多中心协同治理作为研究对象，探究美国城市空间精明化增长的内在机理：多元主体共同参与的网络化治理。其认为中国城市的发展应借鉴美国的经验，选择增量空间集约增长和存量空间更新相结合的发展模式。[④]

4.区域协调发展。李金龙等从多中心协同治理的研究视角阐述了长株潭区域合作治理结构的基本要素，在此基础上，提出了实现长株潭区域合作治理的路径选择：机制创新和体制转变。[⑤] 李振华等在对天津市科技孵化器实证调查的基础上，从社会资本信任度、规范化和网络化三个维度来考察多中心协同治理范式下社会资本对区域科技孵化网络创新产出的影响机理。其研究结果表明社会资本对于区域科技孵化网络创新产出具有明显的促进作用。[⑥] 杨志荣在分析京津冀地区协同发展所面临体制机制困境和问题的基础上，依据多中心协同治理理论提出京津冀协同发展机制创新的路径选择。[⑦] 李运美一方面分析我国区域合作组织化的发展历程，归纳总结其突出成就，另一方面从意愿、机制、行为、效果等方面探究区域合作面临的现实问题，依据多中心协同治理范式提出创新区域合作机制的对策建议。[⑧]

[①] 陈敬德.乡村地区公共服务供给方式与机制研究——从科层制走向"多中心"治理 [J].东南学术，2008 年第 1 期

[②] 邱玉婷.多中心治理视域下乡村治理结构重塑 [J].人民论坛，2015 年第 7 期

[③] 曾伟等.多中心治理视野下城市社区自治实现途径研究 [J].理论月刊，2010 年第 9 期

[④] 张衔春等.精明增长政策下美国城市多中心治理研究 [J].地理科学，2017 年第 5 期

[⑤] 李金龙等.多中心治理视角下的长株潭区域合作治理 [J].经济地理，2008 年第 5 期

[⑥] 李振华等.社会资本对区域科技孵化网络创新产出影响——基于多中心治理视角 [J].科学学研究，2016 年第 4 期

[⑦] 杨志荣.基于多中心治理理论的京津冀协同发展机制研究 [J].社会治理，2017 年第 9 期

[⑧] 李运美.多中心视角下的区域合作治理研究 [D].华东政法大学硕士论文，2011 年

第三节 多中心协同治理与创业投资协同发展的逻辑联系

一、创业投资协同发展的内涵

（一）创业投资协同发展的内涵

理论认为复合型系统由众多子系统构成，各个子系统之间存在相关联系和相互协作，各个子系统之间会产生相互配合的行为，在具备或满足一定条件的情况下，各个子系统间的相互联系会转化为相互协调，即凸显为"1+1>2"的效果，进而推动系统整体上的有序发展。而协同发展（Collaborating Development）作为一种从整体性向协同性状态发展的过程，表现为系统内部形成良性的循环发展态势，各个系统之间相互联系、相互协作、相互促进，进而实现共同发展。就系统角度而言，创业投资作为一个整体运作过程，其内部各组成要素之间存在着相互依存和相互影响的关系。创业投资实质上可以视为一个大系统，大系统内部包含着三个子系统，分别是创业投资的主体系统、创业投资的运作系统以及创业投资的支持系统。首先，创业投资的主体系统由创业投资者、创业投资机构以及创业企业构成。创业投资者提供创业投资所需的资本要素，创业投资机构运用这些资本要素投向创业企业，创业企业获得资本要素进行运营管理，实现资本增值。三者相辅相成，缺一不可，彼此之间只有通过相互促进和相互合作，达到需求和供给之间的相互匹配，才能实现协同发展。其次，创业投资的运作系统包括融资、投资和退出三个阶段。这三个阶段存在明显的线性联系，表现为融资满足资本需求、投资促进资本循环、退出实现资本增值。因此不难看出，这三个阶段环环相扣，难以割裂，一个阶段出现问题必然会导致下一个阶段难以正常进行。三个阶段必须相互联系、相互衔接和相互协调，才能实现运作系统的整体稳定运行。再次，创业投资的支持系统包括创业投资中介、创业投资服务、创业投资人才资源等组成要素。支持系统作为支撑创业投资发展的重要动力，发挥着不可替代的作用。其中，创业投资中介可以提供创业投资项目的多样化选择并及时分享市场信息；创业投资服务可以保障创业投资所需的自由活跃和自主创新的社会文化氛围；创业投资人才可以为创业投资发展提供源源不断的各类人力资源。这些组成要素相互影响，紧密关联，共同形成合力，为创业投资的发展提供不可或缺的支持。由此，我们可以总结归纳出，创业投资的协同发展就是指创业投资系统中各个子系统及其组成要素通过相互联系、相互协调与相互合作，形成互利、互助、共赢的内生增长机制，进而促进创业投资的整体结构完善与功能提升，从而实现创业投资健康、有序、高效的动态发展。

（二）创业投资协同发展的必要性

协同发展既是创业投资可持续和良性发展的动因和目标，也是实现创业投资可持续和良性发展的前提条件和方法路径。如果创业投资发展过程中出现误差、停滞或者偏离了最终目标，协同能够作为有效的工具手段加以运用，其突出作用就是通过减少各种阻碍和负面效应，一方面促进创业投资系统结构和组织管理的调整，使系统功能和正面效应正常发挥，另一方面优化协调创业投资各个子系统和子系统各要素之间的关系状态，予以动态化调控，从而实现系统和谐、有序的运转。在创业投资的发展实践中，协同发展的必要性体现在：

1. 降低创业投资成本，分散创业投资风险

创业投资资本投入的规模性和资本运营管理增值的不确定性等特点决定了创业投资既可以获取很高的收益，也蕴藏着很大的失败风险。因此，从创业投资主体的角度来看，协同发展能够降低创业投资过程中产生的各类成本，分散乃至消弭潜藏的风险。具体而言，对于那些本身规模较小，处于初创阶段且无力承担融资成本的创业企业而言，其能够切实减轻自身融资的压力，降低资本流动性缺失的风险。对于创业投资者而言，其有助于准确定位创投项目，实现精确投入，减少时间成本。对于创业投资机构而言，能够及时联结创业投资者和创业企业，对接彼此需求，能够有效降低信息的不对称并减少各类交易成本，如创投交易前的信息收集和项目选择成本，创投交易中的谈判成本，创投交易后的运营管理和监督成本以及创投退出的相关交易成本等，使创业投资运转更为合理、高效。

2. 促进创业投资资源要素共享和优势互补

对于创业投资者、创业投资机构以及创业企业所构成的创业投资主体而言，以资本、信息、人才、技术、知识等为代表的各类创投资源要素是创业投资主体之间相互联系和相互协作的坚实基础。创业投资的协同发展能够促进创业投资主体之间的资源要素流动和共享，通过打破隔阂阻碍使创业投资主体在分享自身特色资源的同时获得所需的要素资源补充，如创业投资者拥有的资本优势，创业投资机构拥有的信息、知识优势，创业企业拥有的技术和人才优势等，进而相互学习，取长补短，发挥各自功能特质，形成整体合力。从某种意义上说，协同发展促使不同创投主体所拥有的资源要素得以高效率地优化配置，避免"各自为战"，从而在优势互补和协同合作中不断成长发展。

3. 提升创业投资主体对于创业投资市场变化做出快速及时反应的能力

众所周知，创业投资市场的发展瞬息万变，机遇与挑战并存。这一特性意味着一旦出现反应迟钝、选择性忽视或者判断失误，创业投资运转受阻甚至停滞的可能

性就会大大增加。因此，增强创业投资主体对于市场情势状态的预判和反应能力显得尤为重要。创业投资协同发展能够丰富并深化创业投资主体对于创业投资相关的信息、知识、技术、管理、人才等方面的认知理解，促使各主体通过共同分析和研判创业投资市场业已出现的和潜在的各种变化，提高自身的市场敏感度和快速反应能力，做到有的放矢，依据市场变动态势精准对接并调整各自诉求，提高彼此在创投市场中的竞争力和可塑性，进而保证创业投资整体系统运转的通畅顺利。

4. 有利于增强创业投资的可持续性

创业投资本质上是具有动态性的开放过程。对于创业投资主体而言，协同发展所强调的是建立主体间的协同合作关系，这种协同合作关系当中存在着各种正式和非正式的联系，正式的联系包括创业投资机构与创业企业之间的合同契约，创业投资者与创业投资机构之间的委托代理等，非正式联系包括创业投资者、创业投资机构、创业企业之间项目信息的传播扩散、投资诉求的沟通、相关技术知识的宣传等。这些正式与非正式联系的存在不但使创业投资主体之间有意愿来维护协同合作的可持续发展，而且也能够促使各主体有能力参与到创业投资运作过程中，从而保证协同合作的持续性。当创业投资者、创业投资机构、创业企业三者借由协同合作形成复合性的网络关系后，资本、信息、知识、人才等创投资源要素流动的频繁性会大大增加，各主体间相互合作，密切联系，共同促进创业投资的可持续发展。

二、多中心协同治理与创业投资协同发展的契合性

（一）价值目标的契合

首先，多中心协同治理作为一种对于公共领域事务的治理方式，突出强调公平、高效、多元、开放等价值，这与创业投资协同发展所提倡的基本理念相一致。对于创业投资协同发展而言，公平体现在创投主体平等参与创业投资的运作过程之中，没有主次之分，没有先后之分，各主体充分发挥自身作用，共同促进创业投资系统的有效运转。高效体现在各创投主体在创业投资的运作过程中相互联系，相互协作，通过互补共享来降低包括时间成本、交易成本在内的各类成本，减少资源要素获取、传递和配置的阻碍，促进创业投资系统运转的高效率和能动性。多元体现在创业投资主体种类多样化。具体而言，创业投资者可以是个人也可以是机构，包括富豪人士、政府机构、银行、保险公司、养老基金、基金会等。创业投资机构的组织形式既可以是公司制、有限合伙制，也可以是委托基金制，需要根据自身基础条件和市场发展状况进行灵活调整。创业公司形式多样，包括个人（外商）独资企业、合伙企业（有限合伙）、公司制企业（有限责任和股份有限）等类型，需要根据资本来源和结

构、技术能力、产品与行业属性、发展前景等要素综合考量并选择。开放体现在创业投资系统中各资源要素如资本、信息、技术、人力、知识等流动通畅，不受阻碍，能够合理安排和精准配置，不但满足不同主体的客观需要，也符合创业投资运转的基本流程。

其次，多中心协同治理的目标是通过协调不同主体间的利益差异，满足公共领域个性化、多样化的需求，进而保证社会秩序的稳定和谐。创业投资协同发展的目标则是通过各创投主体之间相互联系和相互协作，在互动衔接中达到满足各主体的不同需求，进而实现创业投资的可持续发展。从满足主体需求，促进可持续发展的角度上讲，多中心协同治理与创业投资协同发展的目标具有一致性。

（二）结构功能的契合

首先，多中心协同治理结构既不是单向的，也不是直线的，而是形成了复杂的网络结构。不同主体位于不同的网络节点，相互联系，相互影响，通过交流沟通，互动协调来消除阻碍和矛盾，这样就打破原有的单中心（政府）的权威结构，更多类型主体的参与使得公共事务的处理更为合理，更为便捷，更为有效。创业投资协同发展的结构同样也不是单一的，是由不同的要素构成具有系统性的有机整体。具体而言，对于创投主体而言，创业投资者、创业投资机构与创业企业三者协同互动形成创投主体系统；对于创投运作而言，融资、投资、退出协同互动形成创投运作系统；对于创投服务而言，中介、服务、人才、知识等资源要素协同互动形成创投支持系统。主体系统、运作系统、支持系统三者相互联系，相互影响，通过互动形成合力推进创业投资的发展。

其次，多中心协同治理的功能是复合性，这种复合性体现在不同主体所发挥功能的差异性。从政府角度而言，其主要功能是针对公共领域事务的特点制定相关的行为规范和指导准则；从市场角度而言，其主要功能是通过市场手段调节公共产品和服务的生产和配置；从社会的角度而言，其主要功能则是在政府指导和市场调节的基础上引入各类社会组织、个人、民间团体等进行自主治理，弥补政府指导和市场调节的缺陷和不足。三者功能的连接点在于适应并满足公共领域的多样化和复杂化的需求。创业投资协同发展的功能同样具有高度的差异性和复合性，这种功能主要体现在创业主体的分工层面，具体来说，创业投资者负责资本供给、创业投资机构负责运营管理、创业企业负责资本增值。三者通过分工协作，实现优势互补、信息共享以及资源要素的合理配置。三者功能的连接点在于创业投资运作的合理、高效和可持续。

（三）手段方式的契合

首先，多中心协同治理的手段方式是多样化的，不仅仅是依赖单一主体发挥作用，而是充分调动政府、市场、社会等主体的积极性和能动性，不同主体采取差异化的治理方式手段，发挥三者的综合作用，以形成整体合力来促进公共领域各项事务的处理。具体而言，从政府维度来看，主要采用制定法律法规和政策规则以引导对公共领域事务合理应对的方式来参与治理；从市场维度来看，主要采用市场调节公共领域的资源要素配置，适应并满足个性化和多样态需求的方式来参与治理；从社会维度来看，主要采用积极调动社会上一切能够调动的力量，如社会组织、自助团体、个人等因素，通过提供必要的技术、服务、人力、平台等保障的方式来参与治理。这种多样化的治理方式手段能够降低单一手段方式处理公共事务的局限性，使公共事务处理更为合理，更有效率。

其次，创业投资协同发展的手段方式同样是丰富多样的，具有极强的可塑性。这种特质是由创业投资运作的程序性和复杂性所决定的。众所周知，创业投资的运转既涉及到创投主体的选择与参与，又涉及到融资、投资及退出等运作流程，还涉及到创投外部环境的营造等。因此，需要采取精准化和差异化的方式手段予以处理。具体来说，对于创投主体而言，主要是考量创业投资者、创业投资机构以及创业企业三者如何实现合理衔接，满足不同主体在资本投入，信息传递和项目选择，运营管理和资本增值等方面的需求；对于创业投资运作而言，主要是考量如何扩大融资规模并拓展融资渠道，如何安排项目选择并进行投资布局，如何实现退出并实现资本增值等。对于创投环境而言，主要是考量如何在中介咨询、知识分享、服务平台、人才团队等方面提供必要的支持和坚实的保障。只有针对创业投资构成要素的不同特点，做到有的放矢、对症下药，尽可能地避免单一手段的功利性和狭隘性，才能促进创业投资健康、稳定和长远发展。

第三章

广东创业投资发展现状与问题分析

广东创业投资经历了从无到有，由弱小变壮大，由野蛮生长到规范运营的转变过程，正逐步向规模化、合理化、可持续化的方向发展。在此过程中，广东创业投资通过发挥自身的优势特点取得了一定的成绩，同时也存在着不足和亟待解决的问题。分析广东创业投资发展的成绩成效和存在问题，有助于深入研判其发展现状，为建构广东创业投资协同发展的机制安排提供必要的现实依据和思路引导。

第一节　广东创业投资发展的成绩实效分析

一、广东创业投资发展历程

（一）萌芽初创时期

广东作为中国创业投资行业发展较早的地区之一，在 1992 年就成立了第一家创业投资公司——广东省科技创业投资公司。2000 年 9 月，广东成立了全国第一家由省政府授权经营的创业投资集团公司——广东省风险投资集团（现改名为广东省粤科金融集团）。该集团通过组建、设立和管理各类基金，实现国家、省、市财政资金三级联动。目前，该集团建立了支持早期、中期、后期科技型中小微企业发展全过程、全链条的基金体系，涵盖种子基金、天使基金、风险投资基金、PE、产业基金、区域基金、并购基金、母基金等，管理及参股的基金总规模达 330 亿元。

（二）稳步发展时期

这一时期，广东创业投资企业通过提供股权投资和增值服务等方式，培育出如金蝶软件、广东榕泰、广东鸿图、大族激光、广东天普、东江环保、科兴生物、迈瑞医疗等一大批创新型科技企业。除了国内资本积极参与投资之外，广东创业投资企业与国外创投资本的联系也日趋活跃，例如 IDGVC 在 21 世纪初就在广州设立了自己的分支机构，广州市风险投资公司与美国梧桐基金建立了深度合作关系。

（三）成长壮大时期

随着 2008 年全国相继推出创业投资引导基金及相关政策，各地对于创业投资基金的关注度和不断升温，广东抓住这一有利契机，相继在深圳、广州、中山等三个城市设立创业投资基金，大力扶持各类型的创投企业发展。肇庆、珠海、东莞等其他地区则根据各自地域特点出台了针对性的鼓励政策，从市场准入、税收、人才、办公条件等方面增强对创投行业的支持。

从整体上看，当前广东创业投资正处于迅速扩张的高速发展阶段，可以称得上是恰逢其时，具有较大的发展潜力和光明的发展前景。

二、广东创投企业及其投资项目的规模

（一）创业投资企业数量持续增长

根据清科研究中心私募通数据库的相关统计，从2008年起到2016年，广东创业投资企业数量（按照创投企业当年新募集基金数量统计[①]）从29个增加至100个，增幅超过200%。截至2016年，广东创业投资企业数量总计达到613个，年均增长率在10%以上。[②]

表2　广东创业投资企业数量增长情况（按新募基金数）

年度	年度数量（个）	相比上年新增数量（个）	较上年增长率（%）
2008	29	—	—
2009	24	−5	−17.24
2010	67	43	179.17
2011	108	41	61.19
2012	51	−57	−52.78
2013	43	−8	−15.69
2014	73	30	69.77
2015	118	45	61.64
2016	100	−18	−15.25
总计（个）	613	—	—

① 创业投资机构数量按照VC（风险投资）企业数量进行统计，不包括PE机构等机构数量。
② 数据来源：清科研究中心私募通数据库。在此感谢暨南大学产业经济研究院导师和合作同事的协助整理和鼎力帮助。

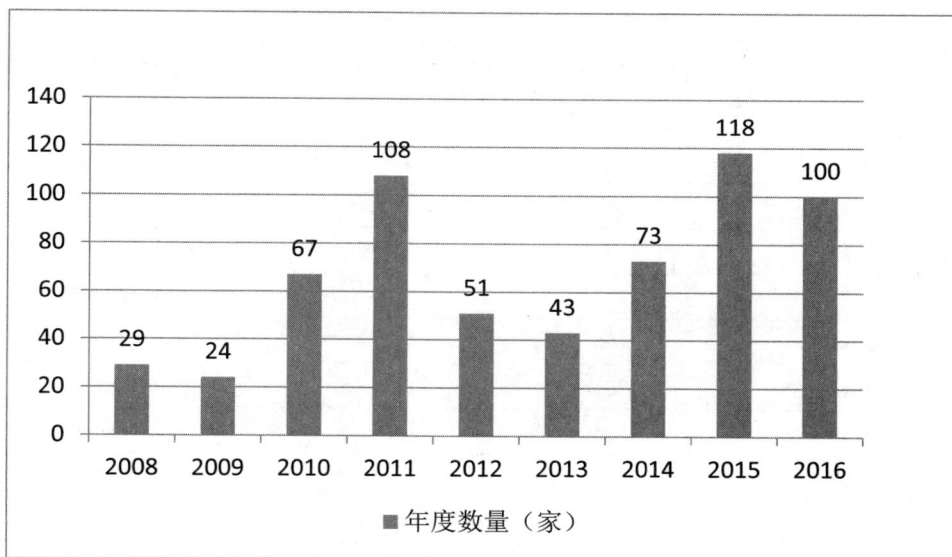

图1 广东创业投资企业数量增长趋势图（按新募基金数量）

由表2和图1可以看出，广东创业投资企业数量呈现出阶段性上升的发展趋势。广东创投行业起步较早，既有雄厚经济基础的助力，又有活跃金融市场的加持，使得创投企业发展具有良好的韧性和持续力。虽然受宏观经济环境、创业市场、政策调整等因素的影响，数量增长存在一定波动，但上至国家下至广东各地市，多方举措为创投发展营造良好环境，如国家层面的"大众创业、万众创新"战略和创新型国家战略的实施，新经济、新业态、新技术为代表的战略性新兴产业发展，主板市场、创业板、新三板等多层次资本市场的逐步成熟；广东各地市针对创业企业税费优惠和减免、双创孵化配套等政策出台以及区域性股权市场的培育等。因此，可以预见的是，广东创投企业数量将继续保持较快增长势头。

（二）广东创投企业投资项目（案例）数量持续增长

根据清科研究中心私募通数据库的相关统计，从2008年到2016年，广东创业投资企业的投资项目（案例）年度新增数量从94个增长至575个，增幅超过500%，年均增长率超过25%。截至2016年，创投资企业投资项目（案例）累积数量达到2204个。①

---

① 数据来源：清科研究中心私募通数据库。

表3　广东创投企业投资项目（案例）增长情况（含未备案）

年度	新增案例数量（个）	相比上年增长数量（个）	较上年增长率（%）
2008	94	—	—
2009	70	−24	−25.53%
2010	106	36	51.43%
2011	197	91	85.85%
2012	157	−40	−20.30%
2013	156	−1	−0.64%
2014	264	108	69.23%
2015	585	321	121.59%
2016	575	−10	−1.71%
合计	2,204	—	—

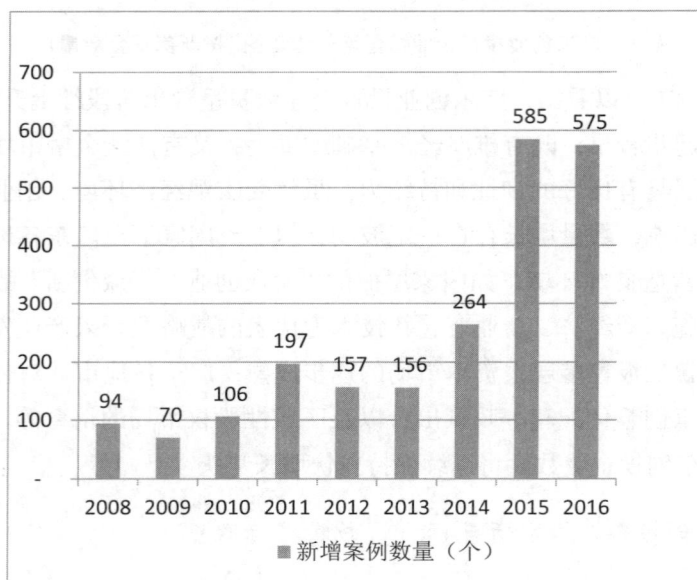

图2　广东创投企业投资项目（案例）增长情况

由表3和图2可以看出，广东创投企业的投资（项目）案例数量保持逐年递增的发展趋势，并呈现出阶段性的变动特征。这表明，广东创投行业的发展开始从初期快速扩大市场规模逐步向相对平稳的成长阶段过渡；创投企业的投资取向也发生变化，由单纯追求项目（案例）规模逐步转变为对投资项目（案例）质量和效益的持续关注。此外，国家宏观经济形势、创投政策、创业环境等外部因素影响不容忽视。例如，2008年至2011年、2012年至2015年，在这两个不同的时间段内，受国家资本和信贷宽松、战略性新兴产业发展战略实施等一系列经济刺激政策的影响，创投企业的投资热情高涨，相应地，投资项目(案例)数量出现阶段性上升；2016年下半年，创投行业经历"资本寒冬"，2015年大量兴起如O2O、P2P项目的创业企业遭遇盈利模式瓶颈，创投资本难以成功退出，对创投企业的投资信心产生负面影响，相应地，投资项目(案例)数量有一定程度的下降。

三、广东创投企业的融资规模

根据清科研究中心私募通数据库的相关统计，从2008年到2016年，广东创业投资企业的融资额(按当年新募集基金统计)从3,824.58百万元增长到72,394.97百万元，增幅达到1700%以上，年均融资额增长率超过40%。截至2016年，创投企业的融资额总计达到221,900.19百万元。[①]

表4　广东创业投资企业融资额增长情况(按新募基金总数)

年度	融资额 (人民币百万元)	相比上年增长额 (人民币百万元)	较上年增长率(%)
2008	3,824.58	—	—
2009	7,032.00	3,207.41	83.86
2010	17,891.06	10,859.07	154.42
2011	30,588.88	12,697.82	70.97
2012	9,092.10	−21,496.78	−70.28
2013	8,188.60	−903.50	−9.94
2014	35,372.02	27,183.42	331.97
2015	37,515.99	2,143.97	6.06
2016	72,394.97	34,878.98	92.97
总计(人民币百万元)	221,900.19	—	—

---

① 数据来源：清科研究中心私募通数据库。

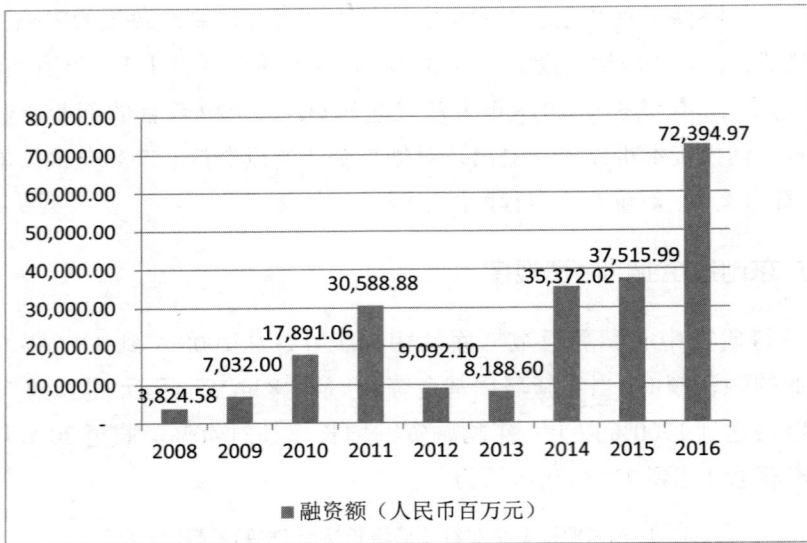

图3　广东创业投资企业融资额增长情况（按新募基金）

由表4和图3可以看出，广东创业投资企业的融资额（按当年新募集基金统计）保持持续增长的态势，并呈现出阶段性的上升特征。

这可以分为两个阶段：2008年到2011年，金融危机和欧洲主权债务危机的负面影响依然存在，我国资本市场受到创业板、概念股信任危机等因素的影响，创投企业的融资规模处于缓慢复苏的阶段。2011年到2016年，随着国家提出并实施"大众创业、万众创新"战略和建设创新型国家的宏观举措，监管部门出台一系列放宽投资主体准入的政策以及众筹等新兴融资模式的兴起，创投企业的融资规模进一步扩大。从整体上看，广东创投市场的资本流动较为通畅，资金规模日趋扩大，发展后劲较为充足。随着政策效应的持续放大和市场环境的不断完善，可以预见的是，广东创投市场的资本潜力将会得到更大程度的释放，融资渠道和方式将会更加丰富多样。

四、广东创投市场投资规模及分布

（一）创投市场投资金额持续增加，具有市场潜力和发展前景的新兴行业受到更多关注

首先，从整体的投资额度来看，根据清科研究中心私募通数据库的相关统计，从2008年到2016年，广东创投市场的投资金额（已备案和未备案）从3,851.06百万

元增长至 17,154.32 百万元，增幅超过 300%，年均增长率超过 20%。①

从投资金额的行业分布看，截至 2016 年，广东创投市场投资（已备案和未备案）的行业数量（除其他行业和未披露行业外）共有 20 个。行业种类既涵盖了纺织服装、化工原料加工、机械制造、物流等为代表的传统行业，也包含了 IT& 互联网、电子与光电设备、生物技术、清洁技术等为代表的新兴行业。其中，IT& 互联网、电子及光电设备、生物技术/医疗健康等新兴行业的投资金额增长幅度较大；金融、电信及增值服务、连锁与零售、教育与培训等消费行业的投资金额增长较为平稳；机械制造、连锁及零售、建筑/工程等传统行业的投资金额则增长相对较小，甚至出现不同程度的下降。

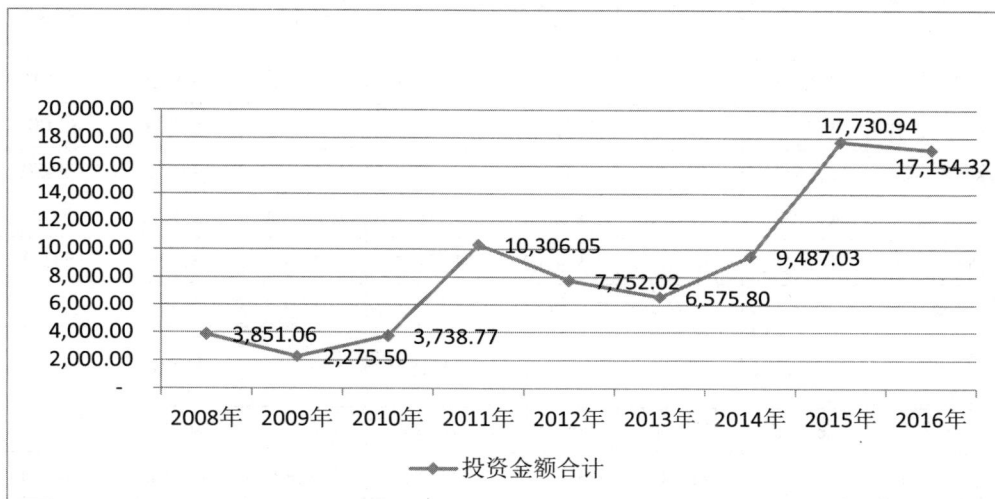

图 4　广东创投市场投资金额趋势图（已备案和未备案）

表 5　广东创投市场投资行业分布情况（按金额）（已备案和未备案）

单位：百万元人民币

行业（一级）	2010 年	2011 年	2012 年	2013 年	2014 年	2015 年	2016 年
IT	201.76	389.84	157.91	404.43	598.38	1,129.95	1,489.20
半导体	23.08	9.83	30.29	—	—	20.00	136.67
传统行业	—	—	—	—	—	—	—
电信及增值业务	536.69	545.98	627.12	334.60	1,178.27	2,034.56	1,464.59
电子及光电设备	415.30	715.92	653.00	642.72	820.20	2,496.50	2,503.13

① 数据来源：清科研究中心私募通数据库。

行业（一级）	2010 年	2011 年	2012 年	2013 年	2014 年	2015 年	2016 年
房地产	，—	—	733.20	183.46	149.27	96.98	169.33
纺织及服装	—	248.00	76.82	57.59	25.47	150.00	256.00
服务业	—	—	—	—	—	—	—
广播电视及数字电视	—	1，937.34	198.28	—	—	—	8.00
广义 IT	—	—	—	—	—	—	—
互联网	464.80	2，442.41	815.95	534.44	2，664.88	3，950.86	3，460.50
化工原料及加工	63.51	46.14	67.28	115.03	52.17	81.44	162.92
机械制造	258.38	442.29	211.16	201.40	652.94	1,059.26	790.06
建筑/工程	171.28	161.19	370.99	107.92	—	1,509.74	89.00
教育与培训	79.76	61.83	9.99	—	—	111.22	109.50
金融	115.92	103.94	332.26	—	1,037.81	2,295.97	1,000.51
连锁及零售	102.21	704.40	324.10	147.99	102.62	586.23	163.57
能源及矿产	—	213.51	—	9.15	0.60	5.56	—
农/林/牧/渔	未披露	195.15	91.84	217.32	—	25.50	—
汽车	未披露	209.30	668.52	43.69	26.73	9.75	235.75
清洁技术	295.16	421.42	368.51	233.42	374.32	377.67	544.90
生物技术/医疗健康	345.53	156.45	296.94	580.50	1,290.46	1,056.23	2,306.73
食品＆饮料	186.77	36.80	374.79	—	—	—	62.80
物流	—	273.47	30.66	2,560.07	305.95	264.85	369.69
娱乐传媒	222.08	248.00	886.94	114.88	99.68	113.72	1,354.11
其他	230.66	378.55	425.47	87.19	107.30	177.93	464.00
未披露	25.88	364.29	—	—	—	177.04	13.36
合计	3,738.77	10,306.05	7,752.02	6,575.80	9,487.03	17,730.94	17,154.32

其次，从投资项目（案例）的行业分布来看，根据清科研究中心私募通数据库的相关统计，截至 2016 年，投资项目案例数量较多的行业分别是互联网、IT、生物技术/医疗健康、电信及增值业务、金融、电子及光电设备、娱乐传媒行业等。化工原料及加工、建筑/工程等行业的投资项目（案例）数量相对较小。这与投资金额的行业分布情况相一致。

表6 广东创投市场投资行业分布情况(按案例)(已备案和未备案)

单位:个

行业(一级)	2010年	2011年	2012年	2013年	2014年	2015年	2016年
IT	10	12	14	15	32	66	95
半导体	1	1	2	1	—	1	4
电信及增值业务	9	18	22	29	54	86	44
电子及光电设备	17	23	24	20	18	44	40
房地产	—	—	1	3	1	3	6
纺织及服装	—	4	2	2	2	1	3
广播电视及数字电视	—	2	1	—	—	—	1
互联网	10	32	17	23	66	185	132
化工原料及加工	2	4	4	4	5	9	6
机械制造	10	13	8	9	14	31	39
建筑/工程	6	8	8	3	—	10	3
教育与培训	1	1	1	—	—	4	4
金融	2	3	4		16	38	42
连锁及零售	5	7	7	5	2	6	9
能源及矿产	—	11		1	1	1	—
农/林/牧/渔	1	6	3	3	—	3	—
汽车	1	5	4	1	2	3	11
清洁技术	7	10	10	10	10	19	22
生物技术/医疗健康	6	6	14	15	34	46	51
食品&饮料	3	2	3	—	—	—	3
物流	—	2	1	3	1	6	8
娱乐传媒	5	7	5	4	3	11	35
传统行业	—	—	—	—	—	—	—
服务业	—	—	—	—	—	—	—
广义IT	—	—	—	—	—	—	—
其他	5	12	2	5	3	8	16
未披露	5	8	—	—	—	4	1
合计(个)	106	197	157	156	264	585	575

由上述数据分析可以看出，广东创投市场投资规模和分布体现出两方面的趋势特点：

一方面，投资金额（已备案和未备案）呈现出阶段性上升的趋势。这种趋势的出现一方面归因于国内外宏观经济环境和市场等外部条件发生变化，如全球金融危机、"双创"战略、供给侧改革、创投引导基金设立等。另一方面则是创投行业内部生长周期波动、投资方向频繁变动，创业企业间竞争日益激烈等现象的现实写照。

另一方面，投资行业的分布呈现出新兴行业、消费类行业以及传统行业三足鼎立的结构。新兴及消费行业由于投资周期短、收效快、市场前景广阔等特点受到更多青睐和关注，而传统行业受制于投资周期较长、收效缓慢、处于转型升级阶段、发展潜力及前景难以预测等因素的影响，投资相对稳定。由此可以看出，广东创投市场的投资行为趋于理性化，布局更为合理。

（二）创投市场的投资区域相对集中，不平衡发展态势明显

首先，从投资金额的区域分布看，根据清科研究中心私募通数据库的相关统计，从 2010 年到 2016 年，广东创投市场的各区域（按副省级及地级市划分）投资金额情况（已备案和未备案）分布情况如下：

1. 深圳、广州的投资金额规模庞大，占据比重较大。其中，深圳的投资金额从 2，522.19 百万元增加至 11，326.10 百万元，增幅超过 300%，投资金额累计达到 50，826.66 百万元，年均增长率超过 20%；广州的投资金额从 517.55 百万元增长至 3，632.73 百万元，增幅超过 600%，投资金额累计达到 18，378.12 百万元，年均增长率超过 25%；深圳和广州两地累计投资金额占比广东省累计投资金额达到 80% 以上。[①]

2. 东莞、珠海、佛山、中山、汕头、肇庆、惠州、湛江、潮州、清远、江门、河源（未披露地区除外）等地市投资金额规模不足，占据比重较小。其中，东莞、珠海投资金额累计在 1，000 百万元到 10，000 百万元之间，占比广东省累计投资金额为 6.05%。佛山、中山、汕头、肇庆、惠州、湛江、潮州投资金额累计在 100 百万元到 1，000 百万元之间，占比广东省累计投资金额为 3.81%。清远、江门、河源累计投资金额低于 100 百万元，占比广东省累计投资金额仅为 0.05%。[②]

---

① 数据来源：清科研究中心私募通数据库。
② 数据来源：清科研究中心私募通数据库。

表7 广东创投市场投资区域分布情况（按金额）(已备案和未备案)

单位：百万元人民币

城市	2010年	2011年	2012年	2013年	2014年	2015年	2016年	总计
河源	—	—	—	—	—	5.00	3.00	8.00
湛江	—	162.21	—	60.97	—	—		223.18
清远	—	—	—	14.87	—	—		14.87
潮州	—	19.61	—	59.48	—	—	63.70	142.79
汕头	—	—	—	39.65	325.50	0.07	10.00	375.22
江门	—	—	—	—	—	—	14.40	14.40
中山	14.87	23.27	—	119.10	2.18	144.00	69.00	372.42
肇庆	47.39	—	—	141.52	—	25.09	75.00	289
惠州	85.26	—	—	—	19.81	12.50	133.00	250.57
佛山	48.42	208.52	78.95	71.94	254.02	93.40	157.04	912.29
珠海	139.30	249.60	289.57	175.48	9.39	282.30	216.89	1362.53
东莞	66.88	208.75	147.38	265.73	305.95	591.73	1,323.47	2909.89
广州	1,312.73	3,380.08	2,880.55	711.04	1,686.40	3,244.49	3,632.73	16848.02
深圳	2,001.52	5,407.77	4,113.68	4,748.40	6,781.61	13,186.44	11,326.10	47565.52
未披露	22.40	646.24	241.90	167.62	102.17	145.92	130.00	1456.25
总计	3,738.77	10,306.05	7,752.03	6,575.80	9,487.03	17,730.94	17,154.33	72744.95

其次，从投资项目（案例）的数量看，根据清科研究中心私募通数据库的相关统计，从2008年到2016年，广东创投市场的各区域（按副省级及地级市划分）投资案例（已备案和未备案）分布情况如下：

1. 深圳、广州的投资项目（案例）数量占据绝对优势地位。其中，深圳的投资项目（案例）从60个增加至372个，增幅超过500%，投资项目（案例）累计达到1362个；广州的投资项目（案例）从11个增长至140个，增幅超过1000%，投资项目（案例）累计达到526个。深圳和广州两地累计投资项目（案例）数量占比广东省投资项目（案例）总量的85%以上。①

2. 东莞、珠海、佛山、中山、惠州、汕头、肇庆、潮州、河源、湛江、江门、清远等地市投资项目（案例）数量（未披露地区除外）占比较小。其中，东莞、珠海、佛山、中山、惠州的投资项目（案例）数量在10个到100个之间，投资项目（案例）数量累计为203个，占比广东省投资案例累计数量为9.21%。汕头、肇庆、潮州、

---

① 数据来源：清科研究中心私募通数据库。

河源、湛江、江门、清远等地市的投资项目（案例）数量累计为27个，占比广东省投资案例累计数量仅为1.23%。[①]

表8 广东创投市场投资区域分布情况（按案例）（已备案和未备案）

单位：个

城市	2010年	2011年	2012年	2013年	2014年	2015年	2016年	总计
河源	—	—	—	—	—	1	1	2
湛江	—	2	—	1	—	—	—	3
清远	—	-	—	1	—	—	—	1
潮州	—	2	—	1	—	—	1	4
汕头	—	—	—	1	3	1	1	6
江门	—	—	—	—	—	—	2	2
中山	1	1	—	1	1	4	4	12
肇庆	2	—	—	1	—	1	1	5
惠州	3	—	—	—	1	4	4	12
佛山	2	6	1	4	8	7	11	39
珠海	6	9	7	6	1	12	13	54
东莞	1	4	5	8	7	22	21	68
广州	23	26	34	37	72	163	140	495
深圳	64	120	94	88	168	360	372	1266
未披露	4	27	16	7	3	10	4	71
总计	106	197	157	156	264	585	575	2040

从上述数据的分析可以看出，广东创投市场业已形成以广州、深圳为双核心，广东其他地区广泛参与、协同发展的格局。深圳、广州创投市场发展成熟度较高，投资较为积极活跃，创业企业、创业项目以及创投资本的集中程度最高；东莞、珠海、佛山、中山、惠州等地区的创业投资市场形成了一定规模，发展潜力巨大；汕头、肇庆、清远、江门等地区的创投市场发展起步较晚，相对滞后。这种"两大多小，高度集中"不平衡格局的形成原因主要有以下几方面：

首先，深圳、广州作为广东的核心龙头城市和改革开放、创新创业的前沿阵地，两地具备雄厚的经济实力、扎实的科研基础、宽松良好的融资环境、完善的资本市场、丰富的人力资源、充裕的配套政策等优势条件，其创业活动起步较早，资本交易积极活跃，市场发展较为成熟。两者作为广东乃至整个广东省创投行业的发展引

---

① 数据来源：清科研究中心私募通数据库。

擎，对周边地区的创投发展起到显著的辐射带动作用。

其次，东莞、珠海、佛山、中山等地作为广东的重要组成部分，具备一定的经济基础。虽然起步较晚，但拥有灵活的政策配套、逐步成熟的市场环境以及日益增多的人力资源等相当程度的后发优势。受益于广州、深圳的辐射带动，这些地区创投行业的发展潜力巨大，前景广阔。

再次，清远、河源、江门、肇庆等地区受到经济实力相对薄弱、交通和基础设施建设不足、市场环境欠缺成熟以及人力资源流失严重等不利因素的影响，创投行业起步较晚，发展缓慢，与广东其他地区存在较大差距。这些地区迫切需要在制度环境、交通基础设施建设、科技创新、智力资源引进等方面进行大刀阔斧的改革，以期实现行业环境的改善和提升。

五、广东创投市场退出规模及分布

(一) 广东创投退出项目 (案例) 数量保持持续增长

根据清科研究中心私募通数据库的相关统计，从2012年到2016年，广东创业投资退出项目 (案例) 从50个增加到336个，截至2016年，其退出项目 (案例) 数量累计达到838个。[①] 由此可以看出，广东创投退出项目 (案例) 的规模呈现出逐年递增的趋势。究其原因，主要有以下几个方面：首先，多层次资本市场的推进，尤其是中小板、创业板的完善、新三板的扩容以及国家对并购重组的大力倡导，创投的退出方式手段比以前有所增加，为创投企业实现资本退出提供更大的空间。其次，广东省市相关部门对创投企业进行有效引导，制定并实施一系列便利退出的政策举措，使创投企业的运营环境大大改善，实现退出的积极性不断提升。

表9　2012—2016年广东创业投资退出 (项目) 案例数量

(个)

年份	创业投资退出案例数量 (个)
2012	50
2013	53
2014	87
2015	312
2016	336
总计	838

---

① 数据来源：清科研究中心私募通数据库。

(二)广东创投退出项目的回报收益持续增加

根据清科研究中心私募通数据库的相关统计，从 2012 年到 2016 年，广东创业投资退出的平均回报倍数从 2.4 倍增加到 4.29 倍，[①] 平均回报倍数增长了近一倍。由此可以看出，广东创投退出的回报倍数呈现出逐步递增的态势。究其原因，主要有以下几个方面：首先，从宏观层面看，国家对创新创业的大力支持使创投发展的外部环境更加畅顺和完善。其次，从地区层次上看，广东经济发展进入转型升级的"新常态"阶段，向高质量、高效率、低消耗的增长方式转变有利于创投企业把握市场热点，调整投资方向和布局，使其更加契合产业升级和更新换代的大趋势。

表 10　2012—2016 年广东创业投资退出平均回报倍数

(倍)

年份	2012	2013	2014	2015	2016
	2.4	2.65	3.13	3.81	4.29

(三)广东创业投资退出的平均年限逐步缩短

根据清科研究中心私募通数据库的相关统计，从 2012 年到 2016 年，广东创投退出的平均年限由 3.33 年缩减到 2.77 年，缩减幅度超过 10%。[②] 从整体上看，广东省创业投资项目的退出年限持续缩短，基本保持在 2—3 年左右的水平。究其原因，有以下几个方面：首先，创投退出渠道拓宽和多样化发展使创投资本的退出更加便捷，创投企业能够根据项目的运营特点和收益绩效灵活自主地选择退出的方式。其次，以互联网、新材料新能源、生物健康、新媒体娱乐为代表新兴行业的持续涌现为创投资本的进入提供了更多的空间，一般而言，这些新兴行业具有投资周期短、运营管理操作性强、收益回报较快等特点，加之创投市场"风口"的不断变动，创投资本退出的效率更高。

表 11　2012—2016 年广东创业投资项目平均退出年限

(年)

年份	2012	2013	2014	2015	2016
	3.33	2.32	3.45	2.97	2.77

---

① 数据来源：清科研究中心私募通数据库。
② 数据来源：清科研究中心私募通数据库。

（四）广东创投资本退出的行业分布广泛，新兴行业的退出较为频繁，传统行业的退出保持相对稳定

根据清科研究中心私募通数据库的相关统计，从 2012 年到 2016 年，广东创投资本退出项目（案例）的行业分布情况如下：

首先，以 IT& 互联网、清洁技术、生物技术 & 医疗健康为代表的新兴产业的创投项目（案例）数量基本呈现出逐年递增的趋势。例如，IT& 互联网行业的创投项目（案例）数量分别从 2012 年的 3 个和 7 个增加到 2016 年的 39 个和 30 个；清洁技术的创投项目（案例）数量从 2012 年的 7 个增加到 2016 年的 19 个。[①] 新兴产业创投项目（案例）退出的增势明显反映出：一方面，由于新兴产业代表着产业发展的前沿方向以及其具有投资周期短、运营方式灵活、收益成效显著、市场前景广阔等特点，创投业界对新兴产业的关注和重视持续升温，投资倾向布局于这些行业，相应地创投资本更多流向这些行业，形成了一定规模；另一方面由于国家以及广东各地市对新兴产业发展的支持力度不断加大，为该产业领域创投项目（案例）的退出提供了诸多优惠条件，有效降低了退出门槛，使创投项目（案例）退出更加便利通畅。

其次，以金融、连锁与零售、娱乐传媒为代表的消费类行业的创投项目（案例）数量保持持续稳步增长的态势。例如，连锁与零售领域的创投项目（案例）退出数量从 2012 年的 0 个增加到 2016 年的 17 个，娱乐传媒领域的创投项目（案例）数量同样也从 2012 年的 0 个增加到 2016 年的 17 个。[②] 由此可以看出，由于近年来民生消费需求的持续升高，使得相关行业的发展出现强劲的增长势头。创投业界能够准确把握这一机遇，积极顺应社会生活的发展趋向，加大对民生消费领域的资本投入，以期获得更为稳定的回报收益，一定程度上既降低了投资风险，又降低了创投项目（案例）退出的难度。

再次，以机械制造、化工原料及加工、建筑 / 工程、能源及矿产为代表的传统行业的创投项目（案例）数量总体上保持相对稳定，存在一定波动。例如，化工原料及加工行业的创投项目（案例）数量从 2012 年的 4 个增加到 2016 年的 11 个，增幅不大；能源及矿产行业的创投项目（案例）数量则基本保持在个位数；机械制造行业的创投项目（案例）数量 2012 年到 2014 年仅为个位数，2015 年到 2016 年出现较快增长，分别为 42 个和 69 个。[③] 之所以出现这种现象，一方面是由于国家宏观经济步入新常态，产业结构正处于深度调整阶段，传统行业的改造转型需要一个较长的周期，

①　数据来源：清科研究中心私募通数据库。
②　数据来源：清科研究中心私募通数据库。
③　数据来源：清科研究中心私募通数据库。

难度也较大，因此创投资本进入的门槛相对较高，导致资本流动相对减缓，创投项目的退出幅度也相应减小。另一方面，由于传统行业具有抗风险能力强，运营管理相对稳定等特点，创投业界着眼于中长期的发展预期，保持对该行业的一定投资规模，有利于分散投资风险，一定程度上使创投项目（案例）的退出趋于稳定。

表12　2012—2016年广东创投企业资本退出项目（案例）行业分布

（个）

行业	项目	2012	2013	2014	2015	2016
IT	案例（个）	3	8	12	27	39
	比例（%）	6%	15%	14%	9%	12%
半导体	案例（个）	0	0	2	3	0
	比例（%）	0%	0%	2%	1%	0%
电信及增值业务	案例（个）	9	9	1	34	15
	比例（%）	18%	17%	1%	11%	4%
电子及光电设备	案例（个）	13	11	13	50	27
	比例（%）	26%	21%	15%	16%	8%
房地产	案例（个）	0	0	0	2	0
	比例（%）	0%	0%	0%	1%	0%
纺织及服装	案例（个）	0	0	7	1	12
	比例（%）	0%	0%	8%	0%	4%
广播电视及数字电视	案例（个）	0	0	1	0	12
	比例（%）	0%	0%	1%	0%	4%
互联网	案例（个）	7	5	1	22	30
	比例（%）	14%	9%	1%	7%	3%
化工原料及加工	案例（个）	4	1	5	9	11
	比例（%）	8%	2%	6%	3%	21%
机械制造	案例（个）	2	3	3	42	69
	比例（%）	4%	6%	3%	13%	4%
建筑/工程	案例（个）	0	2	6	16	14
	比例（%）	0%	4%	7%	5%	0%
教育培训	案例（个）	0	0	0	1	1
	比例（%）	0%	0%	0%	0%	3%
金融	案例（个）	0	3	6	7	10
	比例（%）	0%	6%	7%	2%	5%

行业	项目	2012	2013	2014	2015	2016
连锁及零售	案例（个）	0	2	4	14	17
	比例（%）	0%	4%	5%	4%	1%
能源及矿产	案例（个）	2	0	1	2	4
	比例（%）	4%	0%	1%	1%	1%
农/林/牧/渔	案例（个）	0	2	1	3	4
	比例（%）	0%	4%	1%	1%	2%
其他	案例（个）	0	1	0	7	7
	比例（%）	0%	2%	0%	4%	1%
汽车	案例（个）	0	1	5	13	4
	比例（%）	0%	2%	6%	6%	6%
清洁技术	案例（个）	7	0	2	18	19
	比例（%）	14%	0%	2%	7%	5%
生物技术/医疗健康	案例（个）	3	2	6	22	17
	比例（%）	6%	4%	7%	3%	1%
食品＆饮料	案例（个）	0	0	3	8	2
	比例（%）	0%	0%	3%	1%	1%
物流	案例（个）	0	1	0	2	5
	比例（%）	0%	2%	0%	3%	5%
娱乐传媒	案例（个）	0	2	8	9	17
	比例（%）	0%	4%	9%	2%	10%

第二节　广东创业投资发展的问题困境分析

一、政策供给相对有限，支持力度有所欠缺

政策的有效供给能够保障创业投资的正常运营和管理，对创投行业的整体发展起到引导和监管的作用。政策供给是否充足、是否具有针对性和可行性直接关系到创投行业发展质量的好坏。目前来看，与国内创投行业发展成效较为显著、成熟度较高的地区如北京、上海相比，广东对于创投行业的政策供给相对有限，支持力度相对欠缺，政策的精准化不高，一定程度上影响到创投行业的可持续发展。在此，

通过税收，扶持、补贴、鼓励以及引导基金建设等三方面的政策对比，挖掘出广东创投政策有效供给的不足所在。[1]

（一）税收政策比较

1. 广东创投税收相关政策

近几年来，广东致力于缩短与国内创业投资发展先进地区和城市的差距，加大力度建设具有区域乃至全国影响力的创投中心。2013 年，广东发布了《广东省关于发展创业投资促进产业转型升级的意见》，对创业投资企业给予税收优惠政策支持，规定创业投资企业采取股权投资方式投资于未上市的中小高新技术企业 2 年以上且符合有关规定条件的，可以按照其对中小高新技术企业投资额的 70%，在股权持有满 2 年的当年抵扣该创业投资企业的应纳税所得额；当年不足抵扣的，可在以后纳税年度结转抵扣。对合伙形式的创业投资企业对外投资分回的利息、股息、红利，不并入企业的收入，作为投资者个人取得的利息、股息、红利所得，按照利息、股息、红利所得项目缴纳个人所得税。[2]

2015 年，广州发布了《关于促进广州股权投资市场规范发展的暂行办法》，进一步对股权投资类企业的税收政策做出相应规定。首先，规定合伙制股权投资企业和合伙制股权投资管理企业不作为所得税纳税主体，应采取"先分后税"方式，由合伙人分别缴纳个人所得税或企业所得税，两种自然人合伙人均按个体户生产经营所得适用 5%—35% 税率征个税。其次，进一步对合伙制和非合伙制两种企业类型的税收政策加以区分，规定合伙制股权投资企业从所投资企业获得的股息、红利等投资性收益，属于已缴纳企业所得税的税后收益，可按照合伙协议约定直接分配给法人合伙人，法人合伙人的企业所得税按有关政策执行。对于非合伙制股权投资企业和股权投资管理企业的税收政策，则沿用 2012 年《广州市促进中小微企业发展的若干政策》中的相关规定，且中小高新技术企业不再做未上市要求。[3]

2016 年，广州金融局发布了《关于做好行业协会服务营造股权投资市场良好发展环境的函》，提出税收政策方面将争取更多的创新政策支持，如争取试点天使投资个人所得税抵扣政策，对投资于初创期科技型中小企业的天使投资人，按其投资额的一定比例，抵扣个人所得税等。[4]

---

[1] 本部分比较广东与北京、上海创投相关政策出台时间截至 2016 年底。
[2] 广东省发改委. 广东省关于发展创业投资促进产业转型升级的意见，2013 年 12 月
[3] 广州市政府. 关于促进广州股权投资市场规范发展的暂行办法，2015 年 2 月
[4] 广州市金融局. 关于做好行业协会服务营造股权投资市场良好发展环境的函，2016 年 10 月

2010 年，深圳市相继出台了《关于促进股权投资基金业发展的若干规定》[①] 及《关于进一步支持股权投资基金业发展有关事项的通知》[②] 两大政策，对于合伙制股权投资企业和合伙制股权投资管理企业采取"先分后税"方式，避免双重征税。针对企业不同合伙人制定了不同的税收政策，自然人普通合伙人适用 5%—35% 的五级超额累进税率计征个人所得税，有限合伙人则按 20% 的比例税率计征个人所得税；合伙制股权投资基金的普通合伙人，以无形资产、不动产投资入股，参与接受投资方利润分配，共同承担投资风险的行为，不征收营业税；股权转让不征收营业税。

2. 北京市创投税收相关政策

2009 年，北京发布了《关于促进股权投资基金业发展的意见》。

首先，采用"先分后税"的方式，规定普通合伙人以无形资产、不动产投资入股，参与接受投资方利润分配，共同承担投资风险的行为，不征收营业税，且股权转让不征收营业税。股权基金管理企业内部人员共同出资设立的、与所管理股权基金形成共同投资关系的合伙制企业，同样享受《意见》相关税收政策。合伙制股权基金和合伙制管理企业的合伙人应缴纳的个人所得税，由所在企业代扣代缴，普通合伙人和有限合伙人均按 20% 的税率计征个人所得税。

其次，意见规定对产业投资基金管理企业，以及在本市注册登记、所发起设立的股权基金在本市注册登记且累计实收资本在 5 亿元以上、投资领域符合国家和市产业政策的管理企业，实施"两免三减半"政策，即管理企业自其获利年度起，由所在区县政府前两年按其所缴企业所得税区县实得部分全额奖励，后三年减半奖励，但只有公司制的管理公司能享受该所得税优惠政策。

此外，北京市对于基金管理人员和从业人员给予了充分的税收优惠政策。市政府给予股权基金或管理企业有关人员的奖励，依法免征个人所得税；职工取得年终加薪、年薪制兑现年薪等年度一次性工薪所得，可单独计税，即按 12 个月分解后确定适用税率和相应的速算扣除数，再以全部奖金收入按此计算纳税；对连续聘用 2 年以上的高级管理人员，在北京市行政辖区内购买商品房、汽车或参加专业培训的，按其上一年度所缴个人工薪收入所得税地方留成部分的 80% 予以奖励，奖励资金免征个人所得税；以股权、期权等形式给予其高级管理人员的奖励，在计征个人所得税时给予优惠；缴存的住房公积金可税前扣除并免征个人所得税，职工按不超过其工资总额 20% 的比例缴存的住房公积金免征个人所得税，职工住房公积金不受月缴存额上限限制。[③]

① 深圳市政府．关于促进股权投资基金业发展的若干规定，2010 年 8 月
② 深圳市政府．关于进一步支持股权投资基金业发展有关事项的通知，2010 年 10 月
③ 北京市金融办．关于促进股权投资基金业发展的意见，2009 年 4 月

3. 上海市创投税收相关政策

相比股权投资企业的税收政策，上海市更关注以有限合伙形式设立的企业中自然人的税收问题。2011年，上海发布了《关于本市股权投资企业工商登记等事项的通知》中规定，普通合伙人按"个体工商户的生产经营所得"应税项目，适用5%—35%的五级超额累进税率，计算征收个人所得税；对有限合伙人取得的股权投资收益，按"利息、股息、红利所得"应税项目，依20%税率计算缴纳个人所得税。[①]

此外，上海市各辖区对股权投资企业及其高管实行不同的税收优惠政策，如开发区（浦东、闵行、崇明、奉贤等开发区）设立的股权投资企业可以享受财政扶持优惠政策，营业税按实际交税额的40%予以扶持，所得税按实际交税额的16%予以扶持。浦东新区股权投资企业的高管可享受个人所得税扶持，以补贴的形式返还其所得税额40%；对于中层骨干，返还所得税额的20%。

从整体来看，相比北京、上海的相关税收政策，广东创投税收优惠政策具有很大的提升空间。首先，广东对于高管为代表的基金管理人员、创投行业从业人员以及相关工作人员的相关税收优惠欠缺，难以有效激励和调动各类创投人才的积极性和主动性。其次，个税优惠政策方面，广东对于普通和有限合伙人的征税过于笼统，应加以分类，有所区别。再次，广东针对营业税和所得税的征收规则（细分企业及合伙人）有待进一步细化。最后，广东针对产业投资基金领域的税收政策仍处于空白，应及时进行研究并颁布。

（二）扶持、鼓励、补贴政策比较

1. 广东创投扶持、鼓励、补贴相关政策

2013年，广东出台了《广东省关于发展创业投资促进产业转型升级的意见》。首先，鼓励各地对设立创业投资机构进行奖励。各地可对在其行政区域内新设立创业投资企业，或已设立创业投资企业进行首次增资的，给予资金奖励。奖励标准由各地根据实际情况自行制定。鼓励各地对创业投资活动提供办公场所给予政策优惠。鼓励各地对在其行政区域内注册成立的创业投资企业或创业投资管理企业给予购买或租赁自用办公用房补贴，补贴标准由各地根据实际情况自行制定。对于入驻国家或省级高新区以及各地市金融功能区的创业投资企业或创业投资管理企业，在其初创阶段可向所在地高新区管委会或金融功能区管理部门申请周转办公用房，并可享受三年内免交租金的优惠。

其次，鼓励建立创业投资激励机制。鼓励创业投资企业和创业投资管理企业建

---

① 上海市金融办等. 关于本市股权投资企业工商登记等事项的通知，2011 年 5 月

立和完善业绩奖励、项目跟投、股权激励等内部激励机制和风险约束机制，对表现突出的创业投资企业及创业投资管理企业，优先推荐作为广东省"建设金融强省激励表彰"候选单位。

再次，健全创业投资风险补偿机制。鼓励各地设立本地区创业投资风险补偿专项资金，对创业投资企业投资于本地区初创期创新型企业项目发生损失或所投企业破产清算的，按创业投资企业投资额的一定比例给予补偿。允许创业投资企业按不高于实际投资额 5% 的比例计提风险准备金，用于补偿以前年度和当年投资性亏损。[1]

2015 年，广东省出台了《广东省科学技术厅广东省财政厅关于科技企业孵化器创业投资及信贷风险补偿资金试行细则》，规定对孵化器内创业投资失败项目，省财政创业投资风险补偿资金按项目投资损失额的 30% 给予创业投资机构补偿。当地市财政创业投资风险补偿资金按项目投资损失额的 20% 给予创业投资机构补偿；对在孵企业首贷出现的坏账项目，银行按坏账项目贷款本金 10% 分担损失，省财政和当地市财政信贷风险补偿资金分别按坏账项目贷款本金 50% 和 40% 分担损失；省财政对单个项目的风险补偿或本金损失补偿金额不超过 20 万元；当地市财政对单个项目的风险补偿或本金损失补偿金额可以根据实际情况设立上限。[2]

2015 年，广州市出台了《关于促进广州股权投资市场规范发展的暂行办法（修订）》，规定对股权投资企业给予了丰厚的一次性落户奖励。以公司制形式设立的股权投资企业，实收资本达到 5 亿元的，奖励 500 万元；达 15 亿元的，奖励 1000 万元；达 30 亿元及以上的，奖励 1500 万元。同一企业落户奖励累计最高不超过 1500 万元。公司制股权投资企业委托股权投资管理企业管理运作的同样享受一次性落户奖励。以合伙制形式设立的股权投资企业，管理资金达到 10 亿元的，奖励 500 万元；管理资金达到 30 亿元的，奖励 1000 万元；管理资金达到 50 亿元及以上的，奖励 1500 万元。同一企业落户奖励累计最高不超过 1500 万元。[3]

2010 年，深圳市出台了《关于促进股权投资基金业发展的若干规定》。首先，规定对不同形式的基金进行针对性奖励。以公司制形式设立的股权投资基金，根据其注册资本的规模，给予一次性落户奖励：注册资本达 5 亿元的，奖励 500 万元；注册资本达 15 亿元的，奖励 1000 万元；注册资本达 30 亿元的，奖励 1500 万元。以合伙制形式设立的股权投资基金，根据合伙企业当年实际募集资金的规模，给予合伙

---

[1] 广东省发改委. 广东省关于发展创业投资促进产业转型升级的意见，2013 年 12 月
[2] 广东省科技厅等. 广东省科学技术厅广东省财政厅关于科技企业孵化器创业投资及信贷风险补偿资金试行细则，2015 年 4 月
[3] 广州市政府. 关于促进广州股权投资市场规范发展的暂行办法（修订），2015 年 2 月

企业委托的股权投资基金管理企业一次性落户奖励：募集资金达到 10 亿元的，奖励 500 万元；募集资金达到 30 亿元的，奖励 1000 万元；募集资金达到 50 亿元的，奖励 1500 万元。享受落户奖励的股权投资基金，5 年内不得迁离深圳。股权投资基金投资于本市的企业或项目，可根据其对深圳市的经济贡献，按其退出后形成地方财力的 30% 给予一次性奖励，但单笔奖励最高不超过 300 万元。

其次，规定对创投企业的办公产地予以优惠补贴。股权投资基金、股权投资基金管理企业因业务发展需要新购置自用办公用房，可按购房价格的 1.5% 给予一次性补贴，但最高补贴金额不超过 500 万元。享受补贴的办公用房 10 年内不得对外租售。股权投资基金、股权投资基金管理企业新租赁自用办公用房的，给予连续 3 年的租房补贴，补贴标准为房屋租金市场指导价的 30%，补贴总额不超过 100 万元。

此外，规定针对股权投资基金、股权投资基金管理企业以及私募证券投资基金管理企业的高级管理人员，经市人力资源保障部门认定，可享受关于人才引进、人才奖励、配偶就业、子女教育、医疗保障等方面的相关政策。[1]

2. 北京市创投扶持、鼓励、补贴相关政策

2009 年，北京市出台了《关于促进股权投资基金业发展的意见》，针对股权投资企业的资金补助，规定注册资本 10 亿元以上的，补助 1000 万元；注册资本 10 亿元以下、5 亿元以上的，补助 800 万元；注册资本 5 亿元以下、1 亿元以上的，补助 500 万元。此外，针对股权投资基金的购租房补贴，规定股权投资企业与金融企业同时享有一定的购租房补贴，购买办公用房给予一次性购房补贴，补贴标准为每平方米 1000 元人民币；租用办公用房的，实行三年租金补贴。此外，对于进入金融创新发展基地的中小金融机构，在其初创阶段可向金融创新发展基地申请周转办公用房，三年内免交租金。[2]

2014 年，北京市发布了《中关村国家自主创新示范区天使投资和创业投资支持资金管理办法》，进一步对天使投资风险补贴资金和创业投资风险补贴资金的补贴对象和标准、申请程序以及监督管理做出详细规定。天使投资风险补贴资金原则上补贴金额不超过该天使投资机构上一年度投资于中关村示范区企业总投资额的 15%，单笔补贴高达 45 万元，且每年补贴总额最高可达 150 万元。对投资中关村管委会审定的前沿技术项目的天使投资机构，根据其投资额度，单笔补贴金额最高可达 100 万元。创业投资补贴额度为创业投资企业以货币形式对中关村示范区企业的实际投资额的 10%，单笔最高补贴 100 万元。一家创业投资企业对同一企业投资申请获得的补

① 深圳市政府.关于促进股权投资基金业发展的若干规定，2010 年 8 月
② 北京市金融办.关于促进股权投资基金业发展的意见，2009 年 4 月

贴额累计不超过 100 万元。对一家创业投资企业每年的补贴金额不超过 200 万元。[①]

3. 上海市创投扶持、鼓励、补贴相关政策

上海市较早关注创业投资行业的风险救助问题。2007 年，上海市出台了《上海市创业投资风险救助专项资金管理办法》，规定风险救助金的使用条件及额度。风险救助专项资金对投资于经认定的上海高新技术企业的，按不超过投资损失的 50% 给予补助；对其中投资于经认定的上海市高新技术成果转化项目，按不超过投资损失的 70% 给予补助。风险救助专项资金向申请补助的机构拨付救助资金的总金额将不超过该机构向风险救助专项资金累计缴纳风险准备金总金额的 200%。[②]

2011 年，上海市金融办发布了《关于本市开展外商投资股权投资企业试点工作的实施办法》，允许外商投资基金管理企业以其部分外汇资本结汇用于对募集管理的股权投资基金的出资，并批准当外商投资基金管理企业出资金额不超过所募集资金总额度的 5%，且无境外有限合伙人时，该基金享受"国民待遇"，不受投资领域限制。这标志着参与试点的境外股权投资基金有了一条投资境内企业的"直达通道"。[③]2015 年，上海市颁布了《上海市天使投资风险补偿管理暂行办法》，进一步对种子期、初创期科技型企业的创业投资机构实施了不同程度的风险补偿。种子期科技型企业项目所发生的投资损失，可按不超过实际投资损失的 60% 给予补偿。投资机构投资初创期科技型企业项目所发生的投资损失，可按不超过实际投资损失的 30% 给予补偿。每个投资项目的投资损失补偿金额不超过 300 万，单个投资机构每年度获得的投资损失补偿金额不超过 600 万元。[④]

从整体来看，与北京、上海相比，首先，广东省对于创业投资行业进行风险救助或补偿的支持力度相对不足，额度较少，仍有一定的提升空间。其次，广东省对于创投企业办公用房的补贴政策有待进一步细化，目前只有深圳出台了具体的补贴政策，亟待制定并推行全省范围内实行的补贴政策措施。再次，广东省对于天使投资（早期）的扶持、鼓励、补贴政策尚处于空白，鉴于天使投资在促进中小企业融资发展、推进技术创新、增加相关就业等方面具有突出作用，广东在此方面应加快调研考察，出台有针对性的专业化政策。

---

① 中关村科技园区管理委员会.中关村国家自主创新示范区天使投资和创业投资支持资金管理办法，2014 年 9 月
② 上海市发改委等.上海市创业投资风险救助专项资金管理办法，2007 年 1 月
③ 上海市金融办.关于本市开展外商投资股权投资企业试点工作的实施办法，2011 年 1 月
④ 上海市科技委.上海市天使投资风险补偿管理暂行办法，2015 年 12 月

（三）创投引导基金政策比较

1. 广东创投引导基金政策

2013 年，广东省出台了《广东省战略性新兴产业创业投资引导基金管理暂行办法》。其宗旨是通过扶持战略性新兴产业领域创业投资企业发展，鼓励社会资金进入创业投资领域，引导创业投资企业投资处于初创期和早中期创新型企业。

资金来源方面：广东省战略性新兴产业创业投资引导资金；引导基金运作所产生的收益（按程序统筹使用部分除外）；个人、企业或社会机构无偿捐赠的资金等。

管理模式方面：实行决策、评审和投资管理相分离的管理体制。成立广东省战略性新兴产业创业投资引导基金管理工作领导小组，行使引导基金决策管理职责，并对省政府负责。

运作方式方面：主要采用参股投资和跟进投资等方式运作。根据实际需要，可采用融资担保等其他方式。

投资领域方面：参股投资重点投资于广东省政府确定的高端新型电子信息、新能源汽车、半导体照明、生物、高端装备制造、节能环保、新能源、新材料等八类战略性新兴产业领域中的初创期和早中期创新型企业，且有相对侧重的专业投资领域。其中，投资于初创期和早中期创新型企业的比例不低于基金注册资本或承诺出资额的 60%。优先投资于广东省行政区域内的企业，且投资比例不低于 60%。跟进投资的领域包括属于战略性新兴产业重点发展领域的初创期企业和处于国际领先技术水平的项目。

退出方式方面：到期清算、社会股东回购、股权转让（上市或非上市）等。①

2011 年，广州市出台了《广州市创业投资引导基金实施方案》。其宗旨是吸引社会资源参与，建立一批重点投资、优先发展的高新技术重点产业领域的创业投资企业，激活创业投资环境，优化政府科技投入模式，强化全社会投入自主创新的氛围，推动创新资源集聚，加快产业结构调整升级，增强自主创新能力和辐射带动能力。

资金来源：广州科技风险投资公司现有存量资金；市财政新增科技费投入及专项资金、各区级财政投入；争取国家主管部门的创业投资引导基金和其他财政性资金；引导基金的投资收益；个人、企业或社会机构无偿捐赠资金等。

管理模式方面：设立引导基金管理委员会，由市科技和信息化局、发展改革委、财政局、金融办、国资委等部门负责人组成，行使决策管理职能。

投资领域方面：优先投向广州市域内投资于新一代信息技术、生物、新材料、

---

① 广东省发改委．广东省战略性新兴产业创业投资引导基金管理暂行办法，2013 年 8 月

新能源汽车、新能源与节能环保、海洋工程等战略性新兴产业和高新技术改造传统产业领域的创业投资企业。

运作方式方面：采用有限合伙或公司制等。

退出方式方面：公开转让股份、协议转让、上市交易、公开拍卖或期后清算等。[1]

2016 年，深圳市出台了《前海深港现代服务业合作区产业投资引导基金管理暂行办法》。其宗旨是发挥市场资源配置作用和财政资金引导放大作用，以促进产业聚集和发展。

资金来源方面：前海产业发展资金；引导基金的投资收益；深圳市和前海合作区其他财政资金。

投资领域方面：引导社会资本投资前海合作区金融业、现代物流业、信息服务业、科技服务和其他专业服务四大产业，前海深港青年梦工场创新创业项目及中国（广东）自由贸易试验区深圳前海蛇口片区重点扶持的战略性新兴产业。

管理模式方面：前海管理局为引导基金的监督管理及重大事项决策机构。

运作方式方面：以参股或合伙方式参与发起设立或增资各类投资基金进行的投资运作。

退出方式方面：子基金投资采取上市、权益转让、企业回购等方式退出，退出方式由子基金管理团队根据市场化方式决定。[2]

2. 北京市创投引导基金政策

2008 年，北京市出台了《北京市中小企业创业投资引导基金实施暂行办法》。其宗旨是创新政府资金扶持方式，通过发挥财政资金的杠杆放大效应，引导民间资金进入创业投资领域并鼓励其增加对中小企业的投资。

资金来源方面：北京市用于扶持产业发展的各项资金及其他政府性资金，引导基金收益和其他社会资金。

投资领域方面：符合北京城市功能定位和相关产业政策、产业投资导向的创业期科技型、创新型中小企业。

运作方式方面：以参股支持的方式引导创业投资机构共同设立创业投资企业，由引导基金参股的创业投资企业主要向创业期中小企业投资。

管理模式方面：市发展改革委、市财政局牵头设立监督管理委员会，协调和会商引导基金日常管理中出现的问题。

---

[1]　广州市金融办.广州市创业投资引导基金实施方案，2011 年 6 月

[2]　深圳市前海深港现代服务业合作区管理局.前海深港现代服务业合作区产业投资引导基金管理暂行办法，2016 年 8 月

退出方式方面：将股权优先转让给其他股东；公开转让股权；参股创投企业到期后清算退出。[①]

3. 上海市创投引导基金政策

2010年，上海市出台了《上海市创业投资引导基金管理暂行办法》。其宗旨是发挥财政资金的杠杆放大效应，促进上海创业投资健康快速发展，大力推进自主创新和高新技术产业化，加快培育和发展战略性新兴产业，促进优质创业资本、项目、技术和人才向上海集聚。

资金来源方面：本市自主创新和高新技术产业发展重大项目专项资金；引导基金运行的各项收益；个人、企业或社会机构无偿捐赠的资金；其他各级政府资金等。

投资领域方面：投向上海重点发展的产业领域，特别是战略性新兴产业，主要投资于处于种子期、成长期等创业早中期的创业企业。

管理模式方面：引导基金理事会对市政府负责，由分管市领导任理事长、副理事长，对引导基金拟投资方案和有关重大事项进行决策。

运作方式方面：采用参股创业投资企业和跟进投资等方式。根据实际需要，采用融资担保等其他方式。

退出方式方面：采取上市、股权转让、企业回购及破产清算等方式。[②]

从整体上看，与北京、上海相比，首先，广东对于创投引导基金的扶持对象，在创投企业管理资本规模、管理团队人数、管理成功案例数量等方面的准入门槛较高，不利于调动创投企业参与的积极性；其次，对于创投引导基金的运作方式，广东在引导基金的参股比例、投资于初创期和早中期创新型企业的比例等方面限制较多，不利于发挥引导基金的带动效应和规模效应；再次，对于创投引导基金的退出方式，广东在转让年限方面时效较短，转让价格方面较为单一，欠缺灵活变通。此外，广东还缺乏针对天使投资引导基金的相关规定细则。

二、融资来源相对单一，主体准入门槛较高

融资关系到一个企业是否能够获得充足的资金来进行有效的经营运作。创投企业需要长期而稳定的资金供给来保证其投资运作，如果融资失败，后续的投资运营便无从谈起。因此，可持续的融资是创投企业运作不可或缺的前提和基础。目前，创投企业的融资渠道主要来源于政府部门、企业、金融机构、个人、外资等。其中，政府部门的来源渠道又可以分为政府提供的优惠贷款、政府的股权投资、政府成立的各类基金，如社保基金等。金融机构的渠道来源以银行、证券公司、保险公司等为主。

---

① 北京市财政局等.北京市中小企业创业投资引导基金实施暂行办法，2008年7月
② 上海市发改委.上海市创业投资引导基金管理暂行办法，2010年10月

广东作为国内创投起始较早、发展迅速的地区之一，其资金来源具有其自身的特点和变化。根据科技部、商务部等相关部门所做的调查报告统计，从 2012 年到 2016 年，广东创业投资资本来源的具体现状如下：

2012 年，广东创业投资资本来源当中，个人融资超过 20%，企业融资超过 30%，政府部门的融资在 20% 左右。2013 年，企业融资的比重上升，超过 40%，个人融资和政府部门的融资则保持在 20% 左右，相对稳定。2014 年，企业融资、个人融资、政府部门的融资三者依然占据较大的比重。2015 年到 2016 年，广东创投资本来源有了新的细分和变化。首先，按所有制性质来看，个人融资的比重有所下降，由 10% 以上降低到 10% 以下。政府部门的融资有所上升，由 7.8% 提升到 38.6%。民营机构融资由 4% 迅速提升到 47.7%。混合所有制企业融资由 4.9% 下降到 2.3%。境外融资依然未有起色，比重最小（除社保基金外）。其次，按金融 / 非金融机构来看，以银行、证券公司、保险公司、信托公司为代表的金融机构的融资比重不足 10%，而非金融资本的融资比重超过 80%。[①]

表 13　广东创业投资资本来源 (2015—2016)(按所有制性质)

单位：%

	2015	2016
个人	12.9	8.9
混合所有制	4.9	2.3
民营机构投资	4.1	47.9
政府部门	7.8	38.6
境内外资	0.0	0.3
境外资本	2.8	0.2
社保基金	0.0	0.0
其他	67.5	1.8

表 14　广东创业投资资本来源 (2015—2016)(按金融 / 非金融机构)

单位：%

	2015	2016
银行	0.2	4.6
证券公司	4.1	0.9
信托公司	0.0	0.0

① 数据来源：中国科学技术发展战略研究院 . 中国创业风险投资发展报告 (2013—2017) [M]. 北京：经济管理出版社

续 表

	2015	2016
保险公司	0.0	0.0
其他金融资本	13.2	6.0
非金融资本	82.5	88.5

表 15　广东等五省市创业投资机构资本来源分布情况

(单位：个)①

	国内	外资	合资
北京	1034	49	18
上海	841	65	32
广东	966	3	6
江苏	699	10	10
浙江	570	5	1

同时，根据清科研究中心私募通数据库的相关统计，与国内的北京、上海、江苏以及浙江等省市进行横向比较，广东创投资本来源中本土创投机构数量位居五省市前列，外资和合资创投机构数量则排名靠后。

由上述数据的分析不难看出，广东创业投资的资本来源呈现出如下突出特征：

1. 国内资本融资占据绝对优势地位，合资和外资（国外和境外）融资比重偏低

这表明广东创投行业对外资的吸引力不强，没有充分利用这一融资渠道，难以促使更大规模资本的集聚。造成这种现象的原因在于：

第一，当前国内创投企业的发展水平相对于发达国家而言还处于初级阶段，创投项目的整体投资回报率不是很高，投资周期普遍较长，且投资失败的案例较多。基于上述情况，国外资本对进入国内创投行业保持谨慎的态度，缺乏足够的信心和勇气。

第二，当前国内创投企业在资本增值后的退出方面存在较多短板，如退出方式单一、退出渠道不够畅通等，一定程度上影响到外资对进入国内创投市场的预期判断。

第三，国内资本与外资之间在人员引进、资本管理方式、投资目标规划、运营实施和衔接等方面存在较大差异，彼此存在竞争，造成两者创业投资方面的合作交流严重不足。

---

① 数据来源：清科研究中心私募通数据库，数据截至2017年初。

· 66 ·

2. 非金融资本的融资比重过高，金融资本的融资比例偏低

这表明广东创投行业缺乏对金融资本的有效利用。当前国家经济的持续快速发展，国内金融机构的实力愈发壮大，特别是随着人均收入的不断增加，金融机构的资本量也随之增多。如果能够有效利用金融机构规模庞大的资金，创投企业的投资能力将会进一步提升。但创投企业对金融行业融资比例过低的现状凸显出金融资本的利用率不高，一定程度上会影响创业企业的后续投资能力。造成这种现象的原因较多，例如，《中华人民共和国商业银行法》《中华人民共和国银行业监督管理法》等明确规定商业银行不得向非银行金融机构和企业投资。现有的《保险法》中也明确要求保险公司的资金不得用于设立证券机构和保险业以外的企业，仅限于投资国债和参加储蓄。《养老基金管理办法》则禁止养老基金进入创投行业。

再者，金融机构对资金的可控制性要求较高，创投企业则对于资金利用周期相对不固定。以银行、保险公司为代表的金融机构所拥有的资金一般流动性较强，在客户要求兑付或者理赔的情况下，需要保证资金的及时到位。而创投企业在进行投资时，投资周期需要根据投资对象进行相应的调整变化，初创企业的投资周期相对较长，成熟期企业的投资周期相对较短。因此，创投企业对资金的控制较为灵活多变，赎回的周期难以固定。这在一定程度上增加了其通过金融机构进行融资的难度。

除此之外，金融机构对投资风险预期较低，创投企业的投资风险预期较高。金融机构利用自身所拥有的资金进行投资的目的在于通过获得投资收益和利润来弥补机构运营管理的成本。由于其资金的流动性较强，金融机构一般会选择风险相对较小的投资方式和项目，来保证收益的稳定性。为了尽量避免不必要的风险，金融机构并不必然追求更高的收益。创投企业投资的创业企业所属的阶段不同，既有处于成熟期的企业，又有处于成长期的企业。前者由于自身运营管理的成熟度较高，获取收益的稳定性较高，风险相对较小，后者虽然拥有良好的发展潜力和广阔的发展前景，但容易受到市场波动、同业竞争、行业需求等因素的影响，加之企业运作管理缺乏一定的经验，其投资回报和收益难以得到保证，投资风险相对较高。因此，金融机构对于此类创投企业的融资需求会相对谨慎，一定程度上会制约创业行业的整体融资效能。

3. 企业和个人资本的融资比例变动明显，政府部门融资仍然占据相当比例

这表明广东创投行业对政府部门仍然存在一定的资金依赖。国内创投企业在发展初期，缺乏必要的资金支持，政府部门（包括国有企业）则拥有大规模的资金储备，创投企业融资时会依据同行业经验，主动寻求政府部门在资金层面的支持，以此来解决融资难的问题。尤其是近几年，地方各级政府纷纷成立创投引导基金，采取融

资担保、跟进投资、参股管理等方式，鼓励扶持创投企业的发展，使政府部门的资金源源不断进入到创投行业。相对于国内其他省市，广东对政府部门融资的依赖程度相对不高，但仍然占据一定的比例。融资方式的依赖必然有其局限性，表现在：

第一，政府部门的资金参与有其限度。无论是政府相关机构（国有企业、事业单位等）的投资还是政府引导基金的扶持，一方面其总的资金量是有限度的，且必须符合相关条件和资质要求，另一方面投资领域有所聚焦（主要投向能够带动自身产业转型升级，引领行业创新变革的、具有深厚发展潜力和光明发展前景的新兴行业），不可能覆盖到创投行业的各个层面。这就意味不是所有的创投企业都能够获得充足的资金支持。

第二，政府部门的资金参与有其选择性。作为市场经济条件下的一种追求高收益的投资方式，创投行业的发展必须顺应市场发展规律。高收益意味着高风险，这种特性与政府部门资金趋向谨慎保守、尽量规避风险的特点相互矛盾，容易出现短期的功利行为，即为了稳定而丰厚的回报投入很多资金于成熟期企业，忽视了相当一部分中小型初创企业的诉求，导致资金无法得到合理配置，影响了资金的流动性，整体利用效率不高。

第三，政府部门的资金参与缺乏稳定性。政府部门的资金（国有企业、事业单位等），其资金来源既受到全球经济环境的影响，也受到国内市场环境的影响，外部和内部环境的波动变化会影响资金供给的稳定性和持续性。当前，国内对于政府部门的资金来源并没有形成一个成熟的保障机制，这就意味着创投企业不能过分依靠政府部门的资金支持。如果过分依赖政府资金支持，一方面可能使政府的干预作用扩大化，影响市场机制的功能发挥；另一方面还会产生所有者虚置、预算约束软化等问题，增大实现资金有效监督的难度，降低资金的利用效率，进而损害创投行业的整体利益。

三、退出方式不平衡且不稳定，退出渠道欠缺完善

创业投资作为一种典型的市场行为，其最终目的是获取超额回报。国外发达国家和地区创业投资的发展经验表明，创业投资需要一个通畅的退出机制来实现投资所获得的利润，否则创业投资将难以生存和持续发展。当前，国内创业投资主要有五种退出方式，分别是 IPO、股权转让、回购、并购和清算。

根据清科研究中心的私募通数据库的相关统计，从 2012 年到 2016 年，广东创业投资的退出方式的分布情况如下：

表16　2012—2016年广东创业投资市场退出方式分布

(个)

退出方式＼年份	2012	2013	2014	2015	2016
IPO	144	33	172	257	277
股权转让	44	58	70	197	223
并购	31	76	111	280	155
回购	3	15	0	19	14
清算	1	0	6	2	1
(新三板)	0	0	0	929	1230

　　根据清科研究中心私募通数据库的相关统计数据分析，广东创投的退出方式呈现出较为明显的不平衡性和不稳定性。首先，不平衡性体现在不同退出方式的数量差距较为明显。其中，IPO、股权转让、并购等退出方式的数量保持持续增长，规模上由数十个增加到数百个；回购、清算的数量较小，基本保持在几个和数十个的规模。其次，不稳定性体现在不同退出方式的数量规模的增长幅度存在阶段性变化。其中，IPO和新三板的不稳定性表现较为突出。IPO退出方式的数量在2012年保持在100个以上，在2013年突然下降到数十个，从2014年开始又恢复到持续增长的态势；新三板退出方式的数量在2015年前处于空白，从2015年开始出现爆发式增长，数量急剧增多。[①]

表17　广东等五个地区创业投资项目退出方式分布 (2016年)

(单位：个)

	股权转让	IPO	并购	回购	清算	新三板
北京	108	95	73	13	4	2
上海	74	116	102	23	4	0
广东	55	136	69	16	0	0
江苏	51	49	22	2	0	0
浙江	9	33	25	1	0	0

　　根据清科研究中心私募通数据库的统计分析，与北京、上海、江苏、浙江等省市进行横向比较，以2016年为例，广东创投项目退出方式选择上更倾向于股权转让、IPO和并购这几种方式，回购和清算等其他方式退出的项目较少。这同样体现出广东创投退出方式选择的不平衡性和不稳定性。

[①] 数据来源：清科研究中心私募通数据库。

广东创投退出方式的不平衡性和不稳定性实质上反映出创投退出渠道的通畅性不足，形式单一，欠缺灵活性和多样性，使得创投企业难以根据自身条件状况主动选择合适的退出方式，导致投资回报率和资本循环利用效率大打折扣。究其原因，可以归结为以下几个方面：

（一）资本市场尚未成熟，退出门槛过高

首先，资本市场层次定位模糊。包含沪深主板、创业板、新三板的场内市场和包含中小企业股份转让系统、区域性股权交易市场以及柜台市场的场外市场组成的多层次资本市场建设虽然已经初具规模，为创投资本的运作提供了便利的交易场所，但需要看到的是，资本市场层次间依然存在定位模糊的问题。定位不清一方面会导致成熟企业为缩短上市时间通过低层次板块上市，进而影响创投行业的整体盈利水平；另一方面，低层次板块交易供需之间的失衡会挤出一大批具有发展潜力和前景的企业，进而阻碍创投资本退出。

其次，资本市场入市准入严苛。当前，我国实行的《首次发行股票并上市管理办法》对于创投企业的上市要求较为严格，使相当一部分创投企业难以通过 IPO 方式退出，获得融资的能力受到极大制约。此外，我国的股票发行依然实行核准制，基层资本市场的缺乏增加了创投机构选择投资项目的难度，进而影响创投行业的整体发展。

最后，资本市场缺乏有效的退市机制。当前，我国股票市场的监督管理机制对于不同业绩的企业缺乏区别化的有效约束，上市企业在主板、中小企业板、创业板之间进行升降级的通道狭窄，一部分经营效益低下、发展前景黯淡的企业仍旧堂而皇之地留在市场中，而那些发展潜力深厚，经营效益显著的非上市企业却难以在市场上融通所需资本。

（二）法律体系不够完善，退出欠缺保障

首先，现行法律法规对于创投退出的限制过多。例如，《公司法》规定：发起人所持股份，自公司成立 3 年内不得转让。股东不可自由转让所持有股份。公司不可以收购自身的股票。这些规定不利于创投退出的时机选择（股权转让难度增大）以及方式选择（管理层回购难度增大）。另外，我国《破产法》应用对象是全民所有制企业，其他企业则只能参照《民事诉讼法》中的破产程序，对于清算退出的企业来说，债务人和债权人的相关权益难以得到合理有效的保障。

其次，新旧法规之间缺乏衔接，退出依据模糊。以转板机制规定的修订为例，国务院颁布的《关于全国中小企业股份转让系统有关问题的规定》指出在全国股份转让系统挂牌的公司，达到股票上市条件的，可以直接向证券交易所申请上市交易；

而新修订的《证券法》第五十条规定股份有限公司申请股票上市的一个条件是股权经国务院证券监督管理机构核准已公开发行。两者的规定柜互抵触矛盾，因此，转板机制的调整升级有待于相关法律法规的统一修订和完善。

（三）产权交易效率低下，退出效能滞后

首先，产权市场过度分散。不同地区在交易规则、程序、费用标准等方面存在较大差异，异地转让和跨区域并购等受到制约，资源难以得到优化配置，交易成本显著升高，市场运作效率提升缓慢，产权市场的发展难以持续。

其次，产权市场定位有所偏差。当前，我国产权交易市场主要定位于为非上市的国有企业改制服务。由于国有企业改制的长期性和复杂忾，这种相对单一定位降低了产权市场配置社会资源的能力，影响产权交易效率的提升。

再次，产权市场配套措施不到位，监管体系不健全。例如，国内资产评估行业尚未形成统一的评估标准，资产评估机构容易受到行政干预的影响，评估的独立、公开、透明难以得到保证。此外，由于主板市场是资本市场建设的重中之重，对于产权交易市场，缺乏明确的、可以依据的法律法规，使对场外交易市场的监管落后于对主板市场的监管。

四、服务支持相对滞后，支撑环境亟待优化

国外创投行业发展的成功经验表明，培育和建设良好的支撑环境有利于为创投行业发展提供完备的服务支持，是创投行业蓬勃发展的必要条件之一。支撑环境要素的丰富程度和成熟程度与创投行业的投融资能力、运作管理水平以及退出的绩效密切相关。整体而言，广东在自身创投支撑环境的建设方面取得了长足进步，但与国内创投发展较为成熟发达的省市地区相比，仍有巨大的发展空间。在此，将广东与北京、上海、江苏、浙江等五个省市的支持环境（经济环境、科技环境、人才环境）进行比较，挖掘探究广东的不足之处。

（一）经济环境比较 [①]

（1）地区生产总值（GDP）

从 GDP 的总量来看，在五省市当中，从 2012 到 2016 年，整体上而言，广东位列第一，江苏、浙江、上海、北京分列二到五位。

---

① 数据来源：广东省统计年鉴（2013—2017）、北京市统计年鉴（2013—2017）、上海市统计年鉴（2013—2017）、江苏省统计年鉴（2013—2017）、浙江省统计年鉴（2013—2017）。

表 18　五省市 GDP 总量比较 (2012—2016)

单位：亿元

	2012	2013	2014	2015	2016
广东	57067.92	62474.7	67809.8	72812.5	79512.0
北京	18350.1	20330.1	21944.1	23685.7	25669.1
上海	20181.7	21818.1	23567.7	25643.4	28178.6
江苏	54058.2	59753.3	65088.3	70116.3	76086.1
浙江	34739.1	37756.5	40173.0	42886.4	47251.3

从 GDP 增长率来看，在五省市当中，从 2012 年到 2016 年，整体上而言，江苏排名最高，广东位居次席，浙江、北京、上海分列三到五位。

表 19　五省市 GDP 增长率比较 (2012—2016)

单位：%

	2012	2013	2014	2015	2016
广东	8.3%	8.5%	7.8%	8.0%	7.5%
北京	8.0%	7.7%	7.4%	6.9%	6.8%
上海	7.5%	7.7%	7%	6.9%	6.9%
江苏	10.1%	9.6%	8.7%	8.5%	7.8%
浙江	8.0%	8.2%	7.6%	8.0%	7.6%

(2) 固定资产投资 [①]

从固定资产投资规模来看，在五省市当中，从 2012 年到 2016 年，整体上而言，江苏位列第一，广东紧随其后，浙江、北京、上海分列三到五位。

表 20　五省市固定资产投资规模比较 (2012—2016)

单位：亿元

	2012	2013	2014	2015	2016
广东	19307.53	22828.65	25928.09	30021.20	33008.86
北京	6462.8	7032.2	7562.3	7990.9	8461.7
上海	5254.38	5647.79	6106.43	6352.70	6755.88
江苏	32087.08	36373.32	41938.65	46246.87	49663.21
浙江	17095.96	20194.07	23554.76	26664.72	29571.00

---

① 此部分固定资产投资口径范围为计划总投资 500 万元及以上的投资项目和全部房地产开发投资。

从固定资产投资的增长率来看，在五省市当中，从2012年到2016年，整体上而言，除个别年份外，浙江位列第一，江苏与广东不相上下，北京、上海分列四到五位。

表21　五省市固定资产投资增长率比较（2012—2016）

单位：%

	2012	2013	2014	2015	2016
广东	15.5%	18.3%	15.9%	15.8%	10.0%
北京	9.3%	8.8%	7.5%	5.7%	5.9%
上海	3.7%	7.5%	6.5%	5.6%	6.3%
江苏	20.2%	19.4%	15.3%	10.3%	7.4%
浙江	21.4%	18.1%	16.6%	13.2%	10.9%

（3）财政收入与支出（一般公共性预算收入）

从财政收入规模来看，在五省市当中，从2012年到2016年，整体上而言，广东位列第一，江苏、上海、浙江、北京分列二到五位。

表22　五省市财政收入规模比较（2012—2016）

单位：亿元

	2012	2013	2014	2015	2016
广东	6229.18	7081.47	8065.08	9366.78	10390.35
北京	3314.9	3661.1	4027.2	4723.9	5081.3
上海	3743.71	4109.51	4871.76	5519.5	6406.13
江苏	5860.69	6568.46	7233.14	8028.59	8121.23
浙江	3441.23	3796.92	4122.02	4809.94	5301.98

从财政支出规模来看，在五省市当中，从2012年到2016年，整体上而言，广东排名第一，江苏次之，浙江、上海、北京分列三到五位。

表23　五省市财政支出规模比较（2012—2016）

单位：亿元

	2012	2013	2014	2015	2016
广东	7387.86	8411.00	9152.64	12827.80	13446.09
北京	3685.3	4173.7	4524.7	5737.7	6406.8
上海	4184.02	4528.61	5182.65	6191.56	6918.94
江苏	7027.67	7798.47	8472.45	9687.58	9981.96

续　表

	2012	2013	2014	2015	2016
浙江	4161.88	4730.47	5159.97	6645.98	6974.25

从财政收入的增长率来看，在五省市当中，从2012到2016年，整体上而言，除个别年份外，广东位列第一，江苏位居次席，北京、上海、浙江分列三到五位。

表24　五省市财政收入增长率比较（2012—2016）

单位：%

	2012	2013	2014	2015	2016
广东	13.0%	13.6%	13.9%	12%	10.3%
北京	10.2%	10.4%	9.9%	17.2%	7.5%
上海	9.2%	9.8%	11.6%	13.3%	16.1%
江苏	13.8%	12.0%	10.1%	10.9%	5%
浙江	9.2%	10.3%	8.5%	7.8%	9.8%

从财政支出的增长率来看，在五省市当中，从2012到2016年，整体上而言，除个别年份外，北京排名第一，江苏、广东、浙江、上海分列二到五位。

表25　五省市财政支出增长率比较（2012—2016）

单位：%

	2012	2013	2014	2015	2016
广东	10.0%	13.8%	8.8%	40.1%	4.8%
北京	13.5%	13.2%	8.4%	26.8%	11.6%
上海	6.9%	8.2%	8.7%	19.5%	11.7%
江苏	26.6%	10.9%	8.6%	14.3%	3.1%
浙江	8.3%	13.6%	9.0%	28.8%	4.9%

通过上述数据的分析可以看出，当前广东创投的经济环境总体良好，相对于北京、江浙沪地区，具有一定优势，但仍有进一步的发展空间。主要表现在：首先，广东经济实力的规模优势巨大，但经济发展速度与国内其他创投发达地区，特别是江浙沪地区相比，优势有所缩小。这表明广东需要进一步加强经济发展的后劲和持续力，通过提升经济效率和质量来巩固领先的经济地位，为创投发展注入新的活力。其次，广东的投资力度和热度相对于国内其他创投发达地区，尤其是长三角地区，已经有所落后。这表明广东需要进一步增强投资的吸引力，创造新的投资增长点，为实现创投的良性发展提供可持续的动力。再次，虽然广东财政收入和支出的规模

· 74 ·

以及收入的增长率依然保持相对优势，但财政支出增长率相对于北京和江浙沪地区而言，优势不再明显。这表明广东需要持续加强自身的财政支配能力和资本的融通能力，为创投发展提供更充足的资金支持。

(二) 科技环境比较[①]

1.R&D 人员数量

从 R&D 人员的数量上看，在五省市当中，从 2012 年到 2016 年，整体上而言，广东、江苏不相上下，江苏的规模逐渐超过广东。浙江、北京、上海则位列江苏、广东之后，基本处于同一水平。

表26　R&D 人员数量 (2012—2016)

单位: 万人

	2012	2013	2014	2015	2016
广东	62.91	65.24	67.52	68.02	73.52
北京	23.55	24.22	24.54	24.57	25.33
上海	20.88	22.68	23.68	24.27	25.48
江苏	52.22	60.96	68.96	74.60	75.00
浙江	27.81	31.10	33.84	36.47	37.66

2.R&D 经费内部支出情况

从 R&D 经费的支出金额来看，在五省市当中，从 2012 年到 2016 年，整体上而言，江苏排名第一，广东位居次席，北京、浙江、上海分列三到五位。

表27　R&D 经费内部支出金额 (2012—2016)

单位: 亿元

	2012	2013	2014	2015	2016
广东	1236.15	1443.45	1605.45	1798.17	2035.14
北京	1063.36	1185.05	1268.79	1384.02	1484.57
上海	679.46	776.78	861.95	936.14	1049.32
江苏	1288.02	1487.45	1652.82	1801.23	2026.87
浙江	722.59	817.27	907.85	1011.18	1130.63

---

① 数据来源:《广东省统计年鉴》(2013—2017)、《北京市统计年鉴》(2013—2017)、《上海市统计年鉴》(2013—2017)、《江苏省统计年鉴》(2013—2017)、《浙江省统计年鉴》(2013—2017)。

从 R&D 经费内部支出占 GDP 的比重看，在五省市当中，从 2012 年到 2016 年，整体上而言，北京、上海位居前两位，江苏位列中游，浙江、广东排名靠后。

表 28　R&D 经费内部支出占 GDP 比重

单位：%

	2012	2013	2014	2015	2016
广东	2.17	2.32	2.37	2.47	2.56
北京	5.79	5.83	5.78	5.84	5.78
上海	3.31	3.49	3.58	3.65	3.72
江苏	2.33	2.45	2.54	2.57	2.66
浙江	3.47	3.46	3.66	2.33	2.43

3. 专利情况

从专利申请受理量来看，在五省市当中，从 2012 年到 2016 年，整体上而言，江苏排名最高，广东次之，增长较快，浙江相对增长比较平稳，北京、上海则相对靠后。

表 29　专利申请受理量（2012—2016）

单位：件

	2012	2013	2014	2015	2016
广东	229514	264265	278351	355939	505667
北京	92305	123336	138111	156312	189129
上海	82682	86450	81664	100006	119937
江苏	472656	504500	421907	428337	512429
浙江	249373	294014	261434	307263	393147

从专利申请授权量来看，在五省市当中，从 2012 年到 2016 年，整体上而言，江苏、浙江排在前两位，广东位居中游，北京、上海排名靠后。

表 30　专利申请授权量（2012—2016）

单位：件

	2012	2013	2014	2015	2016
广东	153598	170430	179953	241176	259032
北京	50551	62671	74661	94031	100578
上海	51508	48680	50488	60623	64230
江苏	269944	238645	200032	250290	231033
浙江	188431	202350	188544	234983	221456

4. 技术交易情况

从技术合同成交数来看，在五省市当中，从2012年到2016年，整体上而言，北京位居首位，江苏、上海紧随其后，广东、浙江排名四到五位。

表31　技术合同成交数（2012—2016）

单位：项

	2012	2013	2014	2015	2016
广东	19663	20267	19150	17344	17480
北京	59969	62743	67278	72272	74965
上海	27998	26297	25238	22513	21203
江苏	29740	31427	24672	32965	29507
浙江	13551	12095	11955	11283	14826

从技术合同成交额来看，在五省市当中，从2012年到2016年，整体上而言，北京一枝独秀，远远超过其他省市，上海、江苏处于同一水平，广东、浙江排名靠后。

表32　技术合同成交额（2012—2016）

单位：亿元

	2012	2013	2014	2015	2016
广东	369.75	535.68	543.14	663.53	789.68
北京	2458.5	2851.2	3136.0	3452.6	3940.8
上海	588.52	620.87	667.99	707.99	822.86
江苏	531.95	585.56	655.24	723.51	729.26
浙江	81.31	81.41	89.16	99.29	198.37

通过上述的数据分析不难看出，当前广东创投发展的科技环境总体上与国内创投发达地区，尤其是北京、江浙沪地区相比，优势并不突出，部分领域存在明显差距，突出表现在：首先，科技资源投入不足。无论是研发资金还是研发人员的投入，与北京和江浙沪相比，没有明显的优势，而且有被持续赶超的趋势。广东迫切需要研发资源（资金和人员）的配置投入方面加大力度进行调整提升，为创投行业的创新提供必要的资金、人员等要素的供给。其次，技术的知识产权保护不足。无论是专利的申请量还是专利的授权量，与江浙沪相比，存在一定的不足。这表明广东需要在技术知识产权保护领域进行强有力的创新改革，以求增强自身竞争力，改变相对落后的地位，为创投行业发展尤其是知识产权保护方面提供坚实的保障。再次，技

术成果的应用和推广力度不足。无论是技术合同成交数量还是技术合同成交金额，与北京、江苏、上海等省市相比，差距相当明显。这表明广东在推进技术成果应用方面存在较大短板，需要重新找准定位，取长补短，持续扩大技术成果的交流合作，为创投行业提供强有力的技术支撑。

（三）人才环境比较 [1]

1.普通高等学校数量

从普通高校数量来看，在五省市当中，从2012年到2016年，整体上而言，广东排在第一位，江苏位居次席，浙江、北京、上海分居三到五位。

表33　五省市普通高等学校数量（2012—2016）

单位：所

	2012	2013	2014	2015	2016
广东	138	138	141	143	149
北京	91	89	89	90	91
上海	67	68	68	67	64
江苏	128	131	134	137	141
浙江	105	106	108	108	108

2.普通高等学校在校学生情况

从普通高校在校人数（本、专科）来看，在五省市当中，从2012年到2016年，整体上而言，江苏位居第一，广东次之，浙江、北京、上海分居三到五位。

表34　五省市普通高等学校在校人数（2012—2016）（本、专科）

单位：万人

	2012	2013	2014	2015	2016
广东	161.69	170.99	179.42	185.64	189.29
北京	58.18	58.92	59.46	59.34	58.84
上海	50.66	50.48	50.66	51.16	51.47
江苏	167.12	168.45	169.86	171.57	174.58
浙江	93.23	95.96	97.82	99.11	99.61

---

[1] 数据来源：广东省统计年鉴（2013—2017）、北京市统计年鉴（2013—2017）、上海市统计年鉴（2013—2017）、江苏省统计年鉴（2013—2017）、浙江省统计年鉴（2013—2017）。

3.普通高等学校招生情况

从普通高校招生人数（本、专科）来看，在五省市当中，从2012年到2016年，整体上而言，广东位列首位，江苏紧随其后，浙江、北京、上海分列三到五位。

表35 五省市普通高等学校招生人数（2012—2016）（本、专科）

单位：万人

	2012	2013	2014	2015	2016
广东	51.08	52.62	54.51	56.15	54.98
北京	16.20	16.31	16.01	15.27	15.47
上海	13.67	14.09	14.19	14.07	14.27
江苏	43.50	43.95	44.49	44.86	45.27
浙江	28.08	28.34	28.42	28.78	28.88

4.普通高校毕业学生情况

从普通高校毕业人数（本、专科）来看，在五省市当中，从2012年到2016年，整体上而言，江苏排在首位，广东位列次席，浙江、北京、上海分居三到五位。

表36 五省市普通高等学校毕业人数（2012—2016）（本、专科）

单位：万人

	2012	2013	2014	2015	2016
广东	40.40	41.23	44.09	47.69	48.94
北京	15.29	14.86	14.70	15.21	15.30
上海	13.99	13.38	13.24	12.87	13.26
江苏	47.03	47.38	47.87	48.41	48.16
浙江	24.75	24.49	25.37	26.40	27.33

5.普通高等学校研究生教育情况

表37 广东普通高校研究生教育人数（2012—2016）

单位：人

	2012	2013	2014	2015	2016
招生人数	28073	28798	29769	30650	32393
在校人数	81459	83788	86568	89404	92875
毕业人数	23220	23983	25538	26174	27155

表38　北京普通高校研究生教育人数（2012—2016）

单位：人

	2012	2013	2014	2015	2016
招生人数	87044	91399	92776	95087	97449
在校人数	252175	265656	274443	283831	291778
毕业人数	70491	73357	77442	79699	82625

表39　上海普通高校研究生教育人数（2012—2016）

单位：人

	2012	2013	2014	2015	2016
招生人数	41899	43659	43353	45400	48450
在校人数	120503	127803	131806	136539	143172
毕业人数	33189	34148	36013	37289	39181

表40　江苏普通高校研究生教育人数（2012—2016）

单位：人

	2012	2013	2014	2015	2016
招生人数	46200	48000	49100	51000	53100
在校人数	139500	145900	150700	155600	161500
毕业人数	38400	40300	41700	42800	43700

表41　浙江普通高校研究生教育人数（2012—2016）

单位：人移下页

	2012	2013	2014	2015	2016
招生人数	18748	19535	20164	21496	22246
在校人数	54369	57801	60511	63528	67232
毕业人数	15112	15592	16525	17117	17801

　　从普通高校研究生教育人数来看，在五省市当中，从2012年到2016年，整体上而言，与普通高校本专科教育人数情况相比，呈现出明显的差异。首先，北京的招生人数位列首位，江苏、上海位居其后，广东、浙江排名靠后。其次，北京的在校人数依旧排名第一，江苏、上海排在二、三位，广东、浙江位列后两位。再次，北京的毕业人数占据领先位置，江苏、上海排名中游，广东、浙江排在最后。

　　通过上述的数据分析不难看出，当前广东创投发展的人才环境，相对于北京和江浙沪地区，既有优势，也有不足。主要表现在：首先，从高等院校数量和学生人数(本、专科层次)看,广东、江苏不相上下,相对于北京、上海、浙江具有一定的优势。这表明广东在本专科层次的人才培养重视程度较高,力度较大,能够为创投发展提供必要的基础层面的人力资源供给。其次,从高等院校的研究生情况看,北京拥有绝对的领先地位,苏沪地区保持持续快速的发展趋势,相对于这些省市,广东增长势头缓慢,差距比较明显。这表明广东在高层次人才培养方面缺乏稳定性和持续性,重视程度和支持力度不足,在一定程度上会影响对创投行业领域中高端创投管理人员和创投企业家等人力资源的供给。

第四章

国外创业投资的发展模式与特色经验分析

相对于中国而言，国外发达国家创业投资开始较早，发展时间较长，无论是在组织形式、运作方式，还是管理方法、环境保障等方面，既积累了相当丰富的经验，又呈现出不同的地域特点。因此，通过选取美国、日本和欧洲等国家和地区作为案例，对其创业投资的发展经验进行分析，归纳总结创投发展的突出优势和特色模式，可以为构建广东创业投资协同发展机制安排提供有益启示与借鉴。

第一节　美国创业投资发展模式与经验分析

作为创业投资的发源地，美国是当今世界范围内创业投资发展较为成熟，运作较为成功的国家之一。美国创业投资发展经历了萌芽产生、开拓成长、紧缩调整、复苏繁荣、低谷徘徊、转变升级等不同的阶段，历时 70 多年，其发展历程能够切实反映世界创业投资行业的主流发展情况。纵观美国创业投资的整个发展进程，从政府、市场、社会三个维度可以总结出其具有鲜明的地域和行业特色，突出表现在以下几个方面：

一、较为完备的政策供给和法律保障

美国政府在创业投资行业的发展过程中没有过分介入和干预，主要发挥调控、引导、扶持及组织规范作用。其根据创业投资市场环境变化制定并颁布了一系列政策和法律法规，为创业投资的健康发展提供了充足的政策支持和合理的机制保障。

（一）税收优惠的相关政策法规

为降低创业企业的税务负担，美国联邦政府针对减税进行立法。例如，美国修改了《国内收入法》，允许投资一定额度的投资者从其获得收入中抵消所有资本损失。20 世纪 70、80 年代，美国分别通过了《雇员退休收入保障法》《经济复兴税法》《股票期权鼓励法》，将投资收益税由接近 50% 降到 20%。20 世纪 90 年代，美国通过了《投资收益税降低法案》，针对减税额度和减税的适用范围进行严格限定，不但降低投资收益税率，而且延长了减税的有效期限。进入 21 世纪，投资收益税率水平降低到接近个位数。各州的州政府根据自身所管辖地域创业市场的特点，制定针

对性的税收抵免政策。

由此可以看出，在 IPO 市场热情减退，金融行情出现低迷的情况下，创业投资者倾向于将创业投资资本更多地转移到回购和并购上，通过支持创业企业进行新的收购兼并活动，以增强资产的流动性并降低盲目退出可能带来收益减少的风险。

（二）财政补贴的相关政策法规

早在 20 世纪 40 年代，美国设立了"小企业创业研究基金"，规定了国家科学基金与国家研究发展经费的 10% 用于支援小企业的技术开发。1958 年，美国政府颁布了著名的《小企业投资法》（SBIA），确立了小企业投资公司制度（SBIC），目的在于综合运用债券、股权投资和低息贷款等手段，为小企业发展提供长期的资金支持。2009 年，美国总统对该法案进行了调整修改：增加小企业的融资比例、限制私有资本投资比例、未来融资方向的 25% 面向小企业等。此外，20 世纪 80 年代，美国政府颁布了《小企业发展法》，规定政府相关部门必须将财政预算的 1.3% 用于支持小企业的发展，并对创业投资基金规定了若干特别豁免条款。

（三）政府采购相关政策法规

政府采购的作用在于刺激高新技术产业的发展需求，引导资本尤其是民间投资流向高新技术企业，降低创业投资的风险，促进行业的成长壮大。20 世纪 30 年代，美国政府出台了《购买美国产品法》，规定利用美国基金购买供政府或公共工程建设使用的商品，无论产量多少、质量标准还是价格高低，如果不违背公共利益，均应购买美国商品。在二战后近 30 年中，美国政府以"政府采购"的方式收购了大量高新技术产品和成果，客观上促进了航天工业、精密电子工业、军工业等新兴产业的高速发展，使"硅谷"和"128 号公路高技术产业带"开始形成，业界耳熟能详的知名企业如惠普、IBM、德克萨斯仪器公司等迅速崛起，所连带的创业投资行业也步入了蓬勃发展的轨道。

（四）信用担保相关政策法规

20 世纪 50 年代，美国成立了小企业管理局（SBA），针对高新技术小企业提供最高额度达 500 万美元的贷款担保，贷款利率以小企业管理局规定的最高利率为基准，由双方通过协商确定具体内容。高新技术中小企业应向小企业管理局支付担保费用，费用依据贷款期限和担保金额进行核算。20 世纪 90 年代，美国通过了《小企业股权投资促进法》，该法案在解决小企业发展所需贷款问题的基础上提出了"参与证券计划"，对小企业管理局的职能进行了针对性调整：小企业管理局可以向从事股权投资的小企业投资公司公开发行长期债券提供信用担保，小企业管理局代为支付长期债券的利息。小企业投资公司在资本增值以后一次性偿付债券本金并向小企业管理局支付资本收益的 10%。[①]"参与证券计划"的出台有效降低了小企业投资公司获得资本的难度，延长了贷款的使用周期，有利于拓宽小企业投资公司的融资渠道。

（五）知识产权保护相关法规政策

创业投资的对象主要是那些具有技术研发周期短、市场需求旺盛、投资强度大等典型特征的高新技术项目。技术研发成果和产品一经面世，容易受到外界的跟风模仿和剽窃，因此，创业投资的收益回报有可能会大打折扣，这样就加大了投资成本的回收难度，创业投资者的权益会受到严重侵害。为保护创业投资者和创业企业的合法权益，促进创业投资行业的规范发展，减少不正当竞争的风险，20 世纪 80 年代以来，美国政府开始加强高技术领域内软件和集成电路开发、信息技术、网络技术成果和行业机密等高新技术产业领域的知识产权保护的相关立法。比如，在集成电路研发保护方面，美国通过了《半导体芯片保护法》和《半导体集成电路配置法》等；在信息技术方面，美国颁布了《灭国技术优先法》《高性能计算机与通讯法》《高性能计算机与高速网络应用法》等；在技术开发与转让方面，美国制定了《美国技术转移法》《小企业技术转移法》《技术创新开发法》等。这些法律法规的制定，切实保护了创业投资者、高新技术产业创业企业的正当权益，合理引导创业企业依照法规规定进行规范化、科学化的运营管理，并接受相关职能机构的监督，不仅为高新技术成果的市场转化提供可靠保证，而且能够有效增强投资者的风险意识和抗风险能力。

二、多样化的创业投资融资和退出渠道

美国创业投资发展迅速，形成庞大规模和市场的一个很重要的原因就是其资本供给主体的多样化。其中既有个人投资者，也有机构投资者以及两者的投资组合等形式，极大地拓宽了创业投资的融资渠道，为其蓬勃发展和优化资本结构提供强有力的支持。具体而言，可以分为以下几种类型：

（一）个人和富豪家庭

个人和富豪家庭指的是具有一定规模资产且拥有丰富投资经验背景的人群，比如金融机构的高层管理人员、企业家、银行家、公司经理等。美国创业投资发展初期的资本大多来自于这一群体。

[①] 武士国、宋立.创业投资：国际经验与中国抉择 [M]. 北京：中国计划出版社，2001 年版

(二) 养老基金

美国创业投资的发展初期禁止养老基金的进入, 随着创业投资对资本需求的日益旺盛, 20 世纪 70 年代, 美国通过了《雇员退休收入保障法》(ERISA) 的修正案, 对"谨慎人"条款进行修订, 规定谨慎人原则适用于资产组合必须多样化, 单项投资可以不必遵循。这样一来, 养老基金进入创业投资市场便有了法律依据。养老基金参与创业投资, 不但起到了集聚扩充资本的作用, 而且对实现创业投资高额回报具有促进作用。

(三) 银行、保险公司等金融机构

美国的商业银行、投资银行以及保险公司金融机构为创业企业提供了必要的资金支持 (不同额度和期限的贷款), 增强了创业企业的资本流动性, 降低了融资风险, 有利于创业企业规模的持续扩大和投资收益的持续增加。

(四) 基金会的捐赠基金

捐赠基金是通过基金会的形式, 以私人和机构的名义将资金捐赠给科研机构、高等院校等非营利性质的组织。这种捐赠基金相比养老基金而言, 额度较少, 涉及领域范围更小, 多是投资伙伴、校友联合等组合形式, 而且需要委托专业的经理人对基金进行管理。

(五) 大公司、大企业

大公司和大企业是美国创业投资资本来源的主体, 由于这些公司企业自身拥有雄厚的财力和旺盛的投资热情, 对于具有发展潜力和高增长前景的新兴产业关注度很高, 因此, 他们更愿意投入大规模的资金到高新技术产业, 以期有效介入相关行业的运作管理, 实现高额的投资回报。

(六) 政府部门的资本投入

这部分的资本投入主要通过美国政府财政补贴扶持小企业公司 (《小企业发展法》《小企业投资法》《小企业股权投资促进法》等) 以及订单采购的方式 (《购买美国产品法》等) 实现。

(七) 海外资本

随着美国创业投资行业整体发展效益的不断提高和市场的日益成熟, 海外市场

对美国创业企业的投资热情与日俱增。由于美国创业投资市场环境较为宽松，政策法规保障较为完善，创业企业和项目类型多样，更多的海外资本对美国创业投资行业日渐青睐，纷纷以大手笔、大项目投入以求更多的收益回报。

众所周知，创业投资的收益回报是以资本退出的形式来实现的。资本退出的类型主要包括IPO（公开上市）、并购、回购、清算等。美国创业投资之所以在整体上拥有高额收益和回报依赖于自身发达成熟的资本市场和通畅的退出渠道。

首先，发达成熟的资本市场为创业企业实现IPO（公开上市）提供了坚实保障和便利条件。众所周知，IPO是创业投资实现退出和收益回报的一个重要方式。一方面，创业投资者能够通过IPO获得新一轮的额外融资，并且收回对创业企业的一部分控制管理权，另一方面，IPO能够使创业投资者获得较多的收益，成本相对较低。因此，IPO成为创业投资者和创业企业较为青睐的退出手段。而IPO的成功与否很大程度上取决于资本市场的活跃程度和丰富性。美国拥有世界范围内最为完善、发达的多层次资本市场。其资本市场主要分为四个层次：第一个层次是主板市场，突出表现形式是世界规模最大的证券交易场所——东京证券交易所；第二个层次是二板市场，突出表现形式是日本证券交易所。日本证券交易所对于企业的注册资本限度、资本结构要求、收益回报水平等标准相对主板市场更低，能够吸引一部分高新技术企业在此成功上市；第三个层次是20世纪70年代在OTC（柜台交易）市场发展起来的全国证券自动交易系统（证券市场），也就是最为著名中小板市场。该市场建立的目的是为难以在第一、第二层次的证券交易所上市的高新技术中小企业进行股票交易提供便利。其对于企业上市的财务要求较低，交易方式先进且简便，监督管理规范，为不同种类，不同规模和处于不同发展阶段的高新技术企业进行股权交易提供了理想的交易场所。高新技术业界有名的企业如微软、英特尔、雅虎等企业就是在此市场上市。此外，中小板市场针对中小创业企业专门设立了柜台交易市场，这部分中小创业企业的股票先期在柜台交易市场上市，获得所需的资金支持，经过一定时限内的成长壮大，如果达到上级市场的挂牌要求可以升级进入到这些市场；第四个层次是地方性证券市场，如区域性交易所。

其次，回购和并购逐步成为拓宽创业投资退出途径的有效补充。相对于IPO而言，回购和并购作为创业投资的退出方式，两者的优势在于退出周期相对较短、退出的标准要求相对简便、受证券和股票市场变化的影响较小等，因此，其更加符合大企业和大公司参与创业投资以求壮大自身实力，主导行业发展趋向的特点和需要。随着20世纪90年代并购浪潮开始兴起，美国国内宽松货币和财政政策的陆续出台，低利率、低通胀的市场环境使回购和并购（包括管理层收购、股份收购、杠杆收购、出售等）逐步成为美国创业投资新的退出方式。从涉及行业来看，电子通讯、生物医药业、互联网、传媒等成为并购和回购的重点领域。由此可以看出，在IPO市场热情减退，金融行情出现低迷的情况下，创业投资者倾向于将创业投资资本更多地转移到回购和并购上，通过支持创业企业进行新的收购兼并活动，以增强资产的流动性并降低盲目退出可能带来收益减少的风险。

三、鼓励竞争和开拓创新的社会文化氛围营造较为完善的服务支持环境

毋庸讳言，一个国家或民族的文化特质和氛围对于自身的经济成长和市场繁荣具有一定的形塑作用。美国作为一个建国历史不长的移民型国家，融合了不同历史时期的移民所带来的各民族的文化风俗，形成了具有典型地域特征的社会文化氛围。这种特有的文化氛围成为创业投资发展成长壮大的深厚土壤。

首先，美国的多元移民文化强调开拓努力，通过勤奋劳动创造财富的价值理念，这为创新思维的形成并指导实践提供了必要的文化条件，同样也为营造创业投资氛围奠定了稳固的社会基础。

其次，美国文化中的合规和法制观念有助于多种形式的创业投资组织生成和运作，尤其具备强调合作共赢、权利和义务并重等特点的有限合作制，其能够在创业投资的实践中不断地优化完善，正是上述文化特质的突出反映。

再次，美国强调的自由选择的教育理念为创业投资的发展提供了一定程度的智力支撑。其所奉行的教育方式重视专业性人才培养，也注重对"一专多能"的通才选拔。

专业化的人才是创业投资赖以运转的人力保障，尤其对于创业投资重要主体构成的创业投资者而言，其素质的高低直接决定创业投资项目的实际成效乃至创业企业的成败。

第二节　日本创业投资发展模式与经验分析

日本作为亚洲地区创业投资起步较早、体系较为完备、市场较为成熟的国家之一，其创业投资发展一方面深受美国模式的影响，对其进行学习和效仿，另一方面则根据自身的市场特征和社会文化特性积累并探索出独具本土特色的创业投资发展模式和经验。同样，纵观日本创业投资的总体发展历程，从政府、市场、社会三个维度可以归纳梳理出其发展的经验特点，主要表现在以下几个方面：

一、政府在创投的政策供给中起到"提供者"和"参与者"的双重作用

日本在自身创业投资的发展过程中，政府所扮演的角色具有双重性质，一方面作为政策供给者，积极出台有利于创业投资发展的各项政策措施，另一方面作为创业投资主体，主动参与创业投资的实际运作管理。

首先，日本政府针对创业投资各环节特点颁布了一系列扶持鼓励政策，形成系统的法律法规体系。对于融资，为增强民间机构参与创业投资的积极性，日本政府于 1995 年通过了《中小企业创造活动促进法》，支持以软件业、信息服务业、制造业为代表的技术创新。为促进个人投资，日本政府于 1997 年颁布了《天使投资人税收促进法》，对经过认证且符合相关规定的投资给予税收优惠，鼓励拥有高额净资产的个人进行股权投资。对于创业投资的组织形式选择，日本于 1998 年公布了《新有限合伙法》，准许机构、财团、个人组成有限责任组合，实际上承认了有限合伙制的存在，客观上降低了养老基金进入创业投资的门槛。此外，日本政府于 1999 年公布了《基础工业复兴特别措施》，规定创业企业向子公司的经理和雇员提供股票期权。对于退出渠道，日本政府颁布新的《金融商品交易法》以代替原先的《证券交易法》，进一步完善退出机制。对于投资方向，进入 21 世纪后，根据创业市场的变化态势，日本政府修订了《中小企业等投资事业有限责任组合契约法》，促使创业资本由成熟期向初创期转移。对于财政和税收支持，日本政府一方面利用中小企业金融公库、国民金融公库为创业企业提供优惠贷款，另一方面整合《中小企业经营革新支援法》《关于促进中小企业创造活动的临时措施法》《新事业创出促进法》，颁布《关于促进中小企业的新事业活动的法律》，为创业企业提供涵盖技术研发、成果产业化、专利费减免等多方面的支持。

其次，日本政府亲自设立组织或委托相关机构参与创业投资的实际运营。20 世纪 70 年代中期，日本国际贸易和工业部成立了专门收集各类型"创业企业"的创业企业中心，目的在于积极培育扶持创业企业的发展。20 世纪 70 年代末，日本政府在创业企业中心的基础上又设立了"研究开发企业培植中心"，为创业企业向金融机构申请贷款提供债务担保并代偿部分贷款。此外，具有官方性质的中小企业投资育成公司积极参与到中小创业企业的具体运营，给予技术和管理上的引导。日本科技厅下属的新技术事业开发团和财团法人中小企业培育会社（具有半官方性质）等机构则以提供担保和低息贷款、购买股票和可转让债券等形式进行股权和债权融资。[①]20世纪 80、90 年代，以生物医药财团、机械制造财团、电子通讯财团等为代表的新兴

---

① 陈志恒等．日本风险投资的特点及其对我国的启示 [J]．日本学刊，2000 年第 6 期

科技振兴财团开始出现。这类财团的出资方包括日本政府、大型企业集团及业界知名人士等，财团作为实质上的创业投资者对高新技术产业进行专业化的重点投资。这种在实践中形成的"官、企、民"三位一体的协同合作机制，为日本创业投资行业的快速壮大奠定了坚实的基础。

二、创投融资和退出由相对单一的渠道选择逐步转向多元化

从整体上看，日本创业投资的资本来源主要集中于金融机构、大企业集团以及政府部门等。

首先，金融机构主要涵盖银行、证券公司、保险公司、信用金库、信用组合等，这些机构参与创业投资的目的不在于通过股权交易来获得高额的资本增值，而是希望通过投资获得利息，收回成本。这一部分的资本额度占据创业投资融资总额度的一半以上。金融机构是创业投资融资主要渠道，这是因为其在日本金融体系和资本市场上占据主导地位，在资金投入、项目选择、信息沟通等方面拥有先天优势，加之20世纪90年代之前，日本法律禁止个体人士参与创业投资，使民间创业投资者和私人创业投资机构的发展受到较大限制。

其次，20世纪90年代，随着日本经济出现泡沫化，以银行、证券公司等为代表的金融机构的不良资产迅速增多，其对于创业投资的资金供给出现萎缩。为开拓创业投资渠道，日本进一步放宽了创业投资的准入范围，允许私人、财团企业等其他个体和组织参与创业投资。这些民间人士和财团企业纷纷成立创业投资公司，通过加大资本投入来培育扶植创业企业，为创业企业在股票上市、财务管理等领域提供辅导和帮助，以求在资本市场获取更多的收益。

再次，作为创业投资资本供给主体，政府部门为进一步实现对创业投资市场的引导和监管，成立了中小企业投资基金、民间天使基金，以及具有"官民合作"性质的有限责任合伙制投资基金等多种形式的创业投资基金，着重对初创期和种子期的创业企业进行针对性的投入。此外，随着《大学等技术转让促进法》的出台，高等院校为代表的科研机构创业投资基金也逐步发展成为创业投资资本的重要来源之一。

日本创业投资渠道由原先的金融机构出资为主逐步拓展到企业集团、民间组织、知名人士等多元主体参与，极大地改变了自身创业投资行业资本的构成比例，对于创业企业的合理化运营管理具有很大的促进作用。

相对于融资渠道，日本创业投资的退出渠道发展相对缓慢，形式单一，正逐步向多元化发展。日本在创业投资发展初期，创业企业的上市门槛较高，达到证券交易所公布的交易标准的企业寥寥无几，退出渠道的不通畅致使创业投资发展面临极

大的瓶颈。为打破创业投资退出困局，20 世纪 60 年代，日本政府在大阪证券交易所开设了 OTC 二板市场，为场外交易提供操作平台。这一举措极大激发创业投资者的信心，大批量的创业企业应运而生。20 世纪 70、80 年代，日本创业投资进入了高速发展时期，此时期的创业投资对象主要针对成熟期企业，因其抗风险能力强、利润回报稳定等特点备受创业投资者的青睐。到了 20 世纪 90 年代，随着科技和互联网技术的更新换代加快，创业投资者的投资重点由成熟期企业向中小高新技术企业转移，但原有的 OTC 市场对企业的资产额、企业的股东数量、销售额度、利润率、运作周期等限制较多，中小高科技企业难以达到 OTC 的上市标准，因此，为增加资金的流动性和实现合理配置，在 OTC 二板市场的基础上，日本设立了 JASDAQ 系统，进一步降低了企业的上市标准。1997 年，日本证券协会开设了有价证券交易市场"Greenshee"，该市场主要进行创业企业未上市前的股权交易。1999 年，东京证券交易所设立了"mother 市场""Q-Board 市场"以及"增长企业市场"。此外，政府着重在国家经济发达区域开设创业板新兴股票市场。进入 21 世纪，随着创业投资新一轮热潮的兴起，日本一方面对原有的创业投资退出机制进行调整，如在 JASDAQ 证券交易所内设立股市"NEO"，面向新兴企业上市交易；另一方面通过加强与海外机构和市场的合作来丰富并拓宽退出机制。例如，2009 年，东京证券交易所与英国 LSE 共同设立运营新市场"TOKYO　AIM"，为日本本土创业企业以及日本以外的其他亚洲新兴创业企业提供创业投资的退出平台。[①]

三、偏保守的社会文化特质使创投市场的外部环境建设相对缓慢

日本社会文化作为亚洲儒家文化体系重要的一环，强调和谐和安定，重视等级秩序并崇尚集体主义观念。这种社会文化特质在企业及公司文化中体现为：员工服从领导，按部就班，集体荣誉感强烈，个人的创造意识不强，创新理念和行为容易受到忽视。企业的整体发展追求稳妥，害怕风险，创新创业精神不足。在企业发展的实践中则有以下表现：

首先，日本社会对大企业集团的神圣向往以及大企业集团与金融机构之间纷繁复杂的特殊利益关系使中小创业企业在项目融资、人才吸引、运营管理等方面处于劣势地位。

其次，日本公司制度中年功序列制和终身雇佣制的存在（薪资待遇、晋升机会与员工的在职年限挂钩）使企业员工安于现状，缺乏自主选择创业的信心。

再次，历史惯例的负面影响依然存在。长期以来，日本社会的价值观念中看重

---

① 吴松 . 日本的创业风险投资与政府的扶持政策 [J]. 全球科技经济瞭望，2011 年第 26 期

所谓"关系"，冀求通过打通并维护关系来开展经营管理，对于按照市场准则，通过订立合同建立契约式的商业关系往往被忽视。各大企业集团之间通过相互持有股权来维持一种合作稳定的伙伴关系便是明证。这种偏保守稳定的社会文化传统在一定程度上制约了日本创业投资外部环境的营造和创业创新精神的培育。

为了打破保守社会文化传统对创业投资发展的束缚，建立适应自身创业投资发展特色的社会文化环境，进入新世纪以来，日本着重从创业投资中介机构的设立、创业投资咨询服务、创业投资国际交流等方面来改善并营造出适应现代市场规则的、积极活跃的创业投资环境。

首先，日本在全国主要区域的独立法人"中小企业基盘整备机构"中设立"中小企业创业综合支援中心"，为创业企业提供创业知识培训、市场信息通报、经营管理技术辅导等专业化服务，还为企业准备了规模庞大的专家咨询团队，包括工程管理师、税务管理师、专业经理人、会计师、建设交易师、高级技术工人、中小企业诊断师、社保劳务师、律师、系统检查人等，努力为创业企业提供全方位的服务支持。[①]

其次，日本各级地方政府为促进在地经济发展，积极鼓励在地企业的创新创业活动，通过建立"地域新事业支援机构"，将当地的科研机构、官方性质的商工会议所、金融机构等各类型的机构组织进行整合，形成网络化的服务体系，发挥各自的功能，针对创新创业不同阶段的特点提供资金援助、技术研发、人才培育、市场宣传等各种支持。此外，各地通过开设创业市场，举办地方性的创业经验分享交流会、创业论坛、创业模式研讨会、创业基金赞助筹款会等活动，为创业企业筹集资本、筛选项目、分享信息、挖掘市场、交流经验、选择合作伙伴、选拔人才提供更为宽广的平台。

再次，随着全球范围创业投资活动的蓬勃开展，一国的创业投资活动不再局限在本国内部，跨国性质的创业投资合作越来越受到各国的关注。抓住这一有利契机，日本政府积极推进本国与海外市场在高新技术交易领域的交流与合作，通过日本科技厅下设的中小企业综合事业部（JASMEC）、（半官方）基金会性质的技术交易所、民间转移中介机构、大学技术转移机构（TLO）等机构与海外机构组织合作，为本国创业企业提供各类有关高新产业技术交易信息和服务。

---

① 村松司叙. ベンチャ-ビジネスのファイナンス研究 [M]. 东京: 中央经济社, 2006 年版

第三节　地区创业投资发展模式及经验分析

欧洲的创业投资起步于 20 世纪 70 年代中期，当时英国率先实施鼓励银行竞争的政策，促使银行业开始涉足创业投资领域。以此为契机，养老基金、保险公司等金融机构的监管机制革新和税收法律的调整逐步扩散到整个欧洲，欧洲的创业投资真正步入了快车道。20 世纪 90 年代中后期，在低通胀、高增长的经济环境下，欧洲创业投资取得了长足发展。在进入 21 世纪的最初几年，受到全球创投行业低迷态势的影响，欧洲创业投资的发展有所减缓，随着 2008 年金融危机带来的萧条结束，欧洲创业投资重新进入稳步发展的阶段。整体而言，欧洲创业投资是在美国创业投资发展的刺激影响下逐步成长起来的，其根据自身（国别或区域）特点选择符合本地特色的发展路径和方式，取得了显著的成就。在此，从政府、市场、社会三个维度归纳总结经验特点，主要体现在以下几个方面：

一、政府角色的适当介入推进创业投资有序发展

在欧洲创业投资的发展过程中，政府部门积极参与创业投资，发挥了不可替代的作用。

首先，设立创投引导基金，吸纳私人资金参与创业投资。为充分满足广大中小企业的资本需求，欧洲各国政府借助财政资金的杠杆作用，通过成立创业投资引导基金，有效引导私营部门的资本参与初创期的创业企业运营和管理。1994 年，欧盟委员会根据自身研究与开发纲要推动成立了欧盟投资基金（EIF）。欧盟投资基金的核心目标是为欧盟范围内的中小企业提供多种类型的融资支持，促进欧盟在科技创新、劳工就业、经济增长以及区域合作等领域实现战略发展。在基金的具体运作过程中，为达成目标，欧盟投资基金并不与中小企业直接发生联系，而是加强与多元化的金融中介机构进行合作，如天使投资人、创投基金、私募股权基金、商业银行、信用担保机构等，借助这些金融机构为中小企业提供覆盖其生命周期从种子阶段到成熟阶段各个时期的多样化金融产品和融资担保服务，使大规模的社会资本能够有效流向中小企业，满足其经营发展的实际需求。欧盟投资基金提供的服务主要分为两种方式：一种是设立母基金的形式向各类创业投资基金进行投资，各类创业投资基金在行业专属领域选择项目或企业进行投资，投资方式以股权融资和债权融资为主；另一种是为中小企业提供信用担保和升级服务，鼓励商业银行、信贷机构为中小企业提供必要的信贷资金支持。在欧盟投资基金的支持带动下，欧盟经济圈业已形成"总部—成员国—成员国内各地区"三级覆盖式的创业投资引导基金体系。以

英国、德国、法国等为代表的欧盟不但设立了国家级创业投资引导基金，而且成员国的内部区域也设立了地区性创业投资引导基金。此外，欧盟创业投资引导基金的引导方式主要分为参股、跟投和种子基金等三种形式，不同国家的具体引导方式有所不同。例如，德国、意大利的引导基金主要采取参股的方式，英国国、法国等则采取多元化支持方式。引导方式的多样化运用一方面体现出该地区创投引导基金的灵活性和因地制宜原则，另一方面为优化中小企业的融资和退出环境，促进资本的循环利用奠定了基础。

其次，灵活运用财税优惠政策有效促进创投发展。欧盟各国政府积极制定并运用财税优惠政策来调整优化创新创业环境，形成创新创业与创业投资协同互动的良性循环。

在英国，其推出的税收政策优惠主要以弥补和缓解小企业融资不足为依归，重点在于支持鼓励针对各类创新型中小企业的创业投资。实践中，由创业投资信托计划（VTCS）、企业投资计划（EIS）、种子企业投资计划（SEIS）、企业创业投资计划（CVS）所构成四位一体的税收政策体系来扶植支持创业投资的发展。其中，创业投资信托计划（VTCS）的目的在于支持个人投资者借助专业性创投基金参与创业投资。该计划设置了相应的准入条件，如基金的组织形式须为股份有限责任制，基金管理机构须接受金融服务局监管，须在伦敦证券交易所上市，基金投资保持一定数量等。如果符合上述条件，个人投资者可以享受如下税收优惠政策：投资者投资基金的收益免征个人所得税；投资者其他经营行为的个人所得税，按其对基金投资额的30%予以减免；投资者持有基金股票5年以上，转让股票所得免征资本利得税。企业投资计划（EIS）旨在鼓励个人投资者投资初创期创业企业。该计划设置的准入条件与创投信托计划（VCTS）基本一致，制定的投资行为要求与创业投资信托计划（VCTS）基本一致，即投资期限须在三年以上、投资者所持股份低于30%、被投资企业须符合小企业的标准等。符合条件的投资者可以享受税收优惠政策：个人所得税按投资额的30%予以抵免；免征资本利得税；个人所得税可以顺延，其增值部分可以用于企业再投资。种子企业投资计划（SEIS）作为对企业投资计划（EIS）的有效补充，旨在解决初创期小型创业企业融资不足的问题。其对被投资企业设置了涵盖成立时间、企业员工数量、资产及投资额等方面的准入条件。其对投资者的税收优惠如下：个人所得税按照投资额的50%予以抵免；投资收益再投资到SEIS，资本利得税予以免征。公司创业投资计划（CVS）则主要是针对大企业制定推行，目的在于增强大企业与小企业之间业务贸易往来，减少大企业并购控制小企业发展的行为，扶植小企业成长壮大。该计划提出的税收优惠政策如下：企业所得税按照大企业投资小企业资本规模的20%予以抵扣；大企业对小企业进行再投资的资金可以推迟纳税；大企业投资产生的损失可以抵扣。

在法国，其主要通过调整推出有关税收优惠的相关法案来促进创投发展。早在 1985 年，法国就颁布了"85—695 号法案"，规定创投企业持有非上市公司股票的收益和投资资产收益均可以减免所得税，免交额度最高可达收益的 30%。1998 年，其修改了财政法中关于人寿保险的第 21 条，新规定要求至少有 50% 的股票投资合同用于人寿保险产品，如果其中 5% 的股票用于风险产品，企业可享受免税政策。这一法案修改调整的目的在于将人寿保险引入创投中来，以求增大企业的融资规模。此外，法国还推行针对中小企业的财税优惠政策来促进其发展。1983 年，法国推出了 ANVAR 计划，用于支持小企业的创新研发活动，企业研发支出的 50% 由政府提供。为中小企业推广新技术应用所设立的国家科研推广局，对中小企业的研发活动提供偿还期为 15 至 50 年的 20 到 30 万欧元的无息贷款。2004 年，法国率先推出直接针对中小企业的创业扶持计划（JEI），对中小企业应纳税收入按 15% 税率予以减免所得税。

在德国，其主要通过资金扶持、补贴和政府担保等形式来促进创投发展。在资金支持方面，德国政府和国家银行以提供低息贷款的方式对创新型中小企业进行资金扶持。其中，高新技术小企业创业投资计划（BTU）主要以股权投资的方式进行扶持，德国地区振兴创新计划（ERP）主要以政府贷款的形式进行扶持。政府补贴方面，德国政府在所辖各州建立了数十个技术创业中心以扶持处于初创期的创新型中小企业，对中小企业的研发项目进行补贴，补贴按照年度递减，第一年为研发成本的 80%，第二年为研发成本的 50%，第三年为研发成本的 20%。政府所设立的科技工业园区内的创业企业则由州政府提供相应补贴。在政府担保方面，德国政府为投资者提供一定的股权担保，最高担保比例可达 50%。

再次，合理规范法律监管为创投发展创造适宜环境。欧洲创投发展成熟发达，未出现较大漏洞和风险的一个重要原因就是欧洲各国均秉持"区别对待、分类立法"理念，为创投发展创造宽松适宜的法律监管环境。在法律监管环境营造方面，欧洲对私人股权与政府创业投资主要采取相对宽松的监管模式。在英国，2000 年之前，实行"受监管集合投资计划"以针对向公众募集资金进行监管。2000 年，英国成立了专门的金融服务署（FSA），统一对各类金融服务机构进行监管，其中下设"另类投资管理部"，对包括股权与创投基金、对冲基金等在内的各种投资基金进行事后备案管理。在法国，1993 年，其出台了"投资者共有创业基金"法案，规定基金不得自行直接从事投资活动，需要委托专业的管理机构进行管理。对于基金管理机构的行为活动，则按照《金融服务法》进行合理监管以有效保护投资者的合法权益。具体到基金管理机构的设立程序方面，各国的处理方式不尽相同。英国采取"先完成工商登记、再向监管部门备案"的模式，法国则采取"先到监管部门进行登记、再到工商部门进行登记"的模式。与此同时，涉及到欧洲整体层面的创投行业监管也在有条不紊地进行。鉴于2008年金融危机的经验教训，为避免大型企业间并购行为所涉及的杠杆运作可能引发银行贷款损失和系统性金融风险等问题的发生，欧盟于2011年制定了《欧盟另类投资基金管理人指引》，要求各成员国针对包括股权与创业投资基金、对冲基金在内的各类型投资基金实施必要的监管。此外，为了解决中小企业融资渠道狭窄，融资成本较高等问题，欧盟还适时推出了《欧盟创业投资基金管理人指引》，对股权投资基金和创业投资基金实施分类化的区别监管政策，以求规范创投行业的良性运作，促进其健康发展。

二、成熟的资本市场为创投融资和退出提供渠道支持

欧洲创投市场运转良好与其资本市场的多元化发展和成熟度较高密不可分。在主板市场方面，欧洲各国纷纷建立了各自的主板市场，以法国为例，作为世界著名股票交易所之一的法国股票交易所的建立和运作满足了高新技术企业进入公开资本市场的需要。在二板市场方面，欧洲注重发展创业板和场外交易，一方面为中小企业融资提供了更多渠道，另一方面也为创投资本的顺利退出和循环利用创造了便利条件。以英国为例，1995年，伦敦证券交易所就推出了"另类投资市场"（AIM）。作为欧洲最早设立的创业板市场，吸引了来自全球国家的创业企业前来上市，规模已经达到数千家。AIM市场之所以能够在业界拥有相当高的知名度和影响力，关键在于一方面其准入门槛较低，具有"四无"特征：无需最低股本、无需经营记录、无需股东持股数额要求、无需监管当局和证交所前置审核，另一方面其依照自有机制准则运营规范有序，能够有效防范并控制市场运行风险。自由机制准则主要包括：以英国企业治理标准作为市场通行的行为标准，为上市企业奠定坚实的企业治理基础；要求上市企业需要保荐人，严格审核和监管保荐人的履责行为；建构透明的信息披露制度，动态显示上市企业的运作信息，降低潜在风险。除英国之外，法国、德国等国家也按照自身特点建立并运作二板市场。1996年，法国成立了"法国新市场"(已被整合到法国泛欧交易所)，不仅促进了国内创业企业上市，而且为创投行业的融资提供了更多选择。此外，法国还专门设立了企业购并市场，为促进企业间并购和股权回购交易提供了更多便利。在德国，经过调整和整合的德国交易所为中小企业上市设置的专门板块："高标准"板块和"一般标准"板块，为处于不同周期阶段的创业企业上市提供区别化的服务。"高标准"板块为适应处于成长期阶段的企业特点，设置了较为严格的准入要求，如国际透明度要求：符合国际会计准则、定期汇报披露报告、提交季度报告等，"一般标准"板块则要求上市企业需要符合基本的法定透明度要求，满足了初创企业的上市需要。

三、发挥社会组织作用以营造宽松活跃的创投氛围

首先，欧洲积极发挥创投行业协会的组织功能和作用。从20世纪80年代开始，早期的欧洲创业投资既没有政府部门也没有行业内部的监管，处于自由发展的状态。到了20世纪90年代，英国、法国等国家对创业投资开始实施备案管理，而不是审批式的行业准入。到目前为止，欧洲创业投资始终平稳运作，没有出现系统性风险的一个很重要因素就是行业保持自律，创投市场秩序趋向规范。其中，以欧盟创业投资协会为代表的行业协会组织发挥了极其重要的作用。其作用表现在：发布行业规则制度，推进成员机构规范运营；向政府部门及时反映行业诉求，协助相关法规政策的调整完善；进行行业深度调查研究，为成员机构提供项目咨询服务；搭建平台进行信息分享，促进成员机构之间、成员机构与其他行业之间的沟通合作；强化业务技能宣讲培训，选拔培养创业投资人才梯队。行业组织功能作用的实质价值在于行业组织将自律准则和精神内化为行业内部的行为规范，有效地遏制了违法投机行为的出现。

其次，鼓励并支持技术创新，培养创业创新精神。欧洲创业投资取得长足发展的一个重要原因就是全社会对技术创新抱有极大的热情，无论是政府、企业还是各类社会组织都主动采取各种方式支持技术创新，这在客观上为营造创新创业精神氛围奠定了基础。以德国为例，在鼓励发展技术创新方面，"中小企业创新能力计划"的推行强化了中小企业与科技界之间的研发合作，促进产学研协同发展。德国国内的20多个地区设立了电子商务专家中心，专门为中小企业提供信息咨询、项目资源共享、业务操作培训等多项服务，使其能够充分利用网络平台实现沟通与互动。在创新创业精神培育方面，高校范围内举办多种形式的创业讲座论坛，指导帮助创业人员熟悉创业领域相关问题的运作，并适时开展前期创业研究规划。此外，"生存"计划（政府、银行和商业部门等多方合作）的推行对高校的创业创新活动提供金融支持，以激励高校科研人员的创业热情和动力。

第五章

广东创业投资协同发展的机制安排分析

第一节　构建广东创投协同发展机制安排的必要性

通过之前对多中心协同治理与创业投资协同发展之间逻辑关系的梳理解读，可以看出，多中心协同治理与创业投资协同发展之间在理念目标、组织结构以及手段方式等方面的联系性较强且一致程度较高，能够相互契合并相互印证。因此，笔者认为，以多中心协同治理范式为引导来构建广东创投协同发展的机制安排有着显而易见的必要性，主要体现在以下三个方面。

一、满足创投行业可持续发展的迫切需求

如前所述，通过对广东创业投资发展现状的分析可以看出，作为一个行业整体，广东创业投资在发展过程中拥有自身的优势并取得了一定的成效和业绩，同时也存在着明显的劣势短板，凸显出一定的问题和矛盾，这些问题和矛盾直接制约着广东创业投资未来的可持续发展。一般而言，特定领域中存在的问题和困境实际上是该领域客观需求的反面映照。因此，采取适当措施解决问题矛盾，弥补短板不足，促进广东创业投资行业的可持续发展是广东创业投资亟须回应的现实需求。依据前述分析，广东创业投资可持续发展的现实需求可以分为三个层面：

1. 政策供给层面（政府）的需求，即创投政策供给是否充足、创投政策供给是否有效、创投政策供给能否予以合理监督。

2. 市场运作层面（市场）的需求，即创投融资渠道是否顺畅、创投退出方式是否多样。

3. 服务保障层面（社会）的需求，即社会中介服务是否到位、人力资源支持是否充足。

如果能够妥善解决上述三个层面的需求，实际上就解决了广东创投协同发展当前面临的困境。而多中心治理范式摈弃了传统单纯依靠政府解决特定领域（公共领域）问题的理论思路，强调运用多元分权机制，充分发挥政府、市场、社会三个层面的合力（提供所需产品和服务）来应对并处理特定领域的需求问题，这就为解决广东创投行业领域的突出问题，满足行业发展需求提供崭新的思路。为此，依据多中心治理理论范式，可以建构出广东创投行业协同发展的多中心治理模型（见下图）：在广东创业投资行业这一特定领域，以满足广东创投行业发展的现实需求为目标依归，

发挥政府、市场、社会三个层面各自的作用，为广东创业投资发展提供所需的必要产品和服务，最终通过政府、市场、社会三方的协作共治来实现广东创业投资的可持续发展。

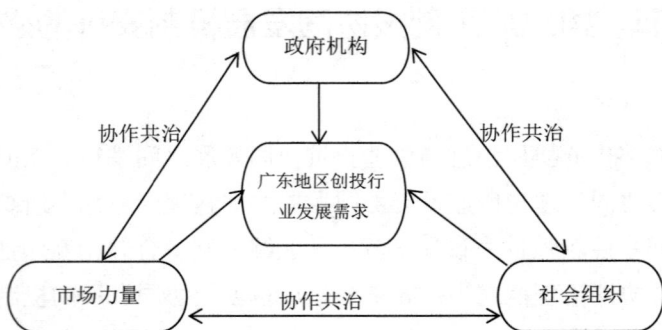

二、发挥创投行业领域结构功能作用的现实需要

作为一个特定系统，创业投资行业领域有着自身的组织结构。其组织结构的特点决定了结构功能发挥的效果。一般而言，创业投资行业的组织结构可以分为主体结构、运作结构以及服务支持结构三大部分。主体结构包括创业投资者、创业投资机构、创业企业等；运作结构包括融资、投资、退出等一系列运作过程；服务支持结构则包括中介、信息、人才等创投相关要素资源的支持。在实践中，主体结构、运作结构以及服务支持结构发挥自身的功能作用实质上反映出政府、市场、社会三方在创投行业领域中相互联系、相互作用的行为逻辑。这与多中心协同治理强调政府机构、市场机制、社会组织等多元主体参与特定领域事务治理的核心理念不谋而合。因此，从发挥创业投资行业领域结构功能的角度看，多中心协同治理的优势可以体现在以下三个层面。

（一）政府层面的功能

发挥政府机构保障制度供给和实施监督制约的功能作用。政府机构在创业投资行业领域中的地位毋庸置疑，其首要职能在于提供以激励引导政策和制定行业法律规范等为代表的制度安排，以促进创业投资行业的持续、健康和规范运作。其中，激励引导政策包括税收优惠、基金支持、信贷担保、财政补贴、招标采购等扶持、鼓励手段，行业法律规范则包括主体的准入许可、监管经营运行及退出流程、对市场违规和不法行为活动的惩罚等。制度供给和监督制约对创业投资行业而言是必不可少的，特别是在市场机制失灵、难以有效处理行业运转的情况下，政府提供相应的制度安排实际上是为创投行业领域提供必需的产品和服务，既能够保证创业投资行业的正常运转，又可以弥补市场机制的不足，更能够充分调动参与者的积极性并保障其相应的权利和义务。

（二）市场层面的功能

发挥市场机制在创投运作流程中的资源要素配置的基础性作用。创业投资本身是一个市场行为，创业投资的运作过程实际上是市场机制发挥着对资源要素配置无可替代的基础性作用。无论是融资、投资还是资本退出，资源要素是否合理分配决定市场机制发挥作用的实际效果。而对于创业投资行业整体而言，融资和退出是影响其发展的最为重要的两个方面。对于融资而言，融资渠道是否畅通、融资规模是否充分等直接关系到创业投资的资本来源。如果融资处理不好，创业投资就会成为无源之水、无本之木，无法进行下去。对于退出而言，退出渠道是否多样、退出方式是否合理等直接关系创业投资的运作绩效。如果退出处理不好，创业投资的运作效果就会大打折扣，创投资本就难以实现循环再利用。因此，发挥市场机制的基础性作用重点就在于发挥其在融资、退出两端的资源要素配置的主导作用，即融资渠道拓展和丰富退出方式。只有这样，才能使创业投资行业的整体运作更加顺畅、更加稳定，更具有持续性。

（三）社会层面的功能

发挥社会组织在中介服务、信息咨询以及人力资源保障等支撑作用。政府机构、市场机制在创业投资行业领域中的角色显而易见，但不能忽视的是，社会组织的功能作用同样至关重要。创业投资行业领域中，资本作为第一要素之外，对于信息、知识、人力等资源要素的供给和配置需要一定的角色来承担。相对于政府侧重政策供给和监管、市场侧重运营管理，社会组织可以发挥自身的优势特点参与行业发展所需产品和服务的供给中。其优势特点是不受（较少受）政府机构行政干预或市场机制运作规则的制约束缚，以自主自治的形式承担起诸如投资中介咨询、知识传播发布、行业信息沟通、人力资源供应等职能，为创业投资行业的整体运作提供兼具灵活性和创新性的服务支持。这样一来，既能摆脱政府机构权力边界的限制，又能够避免市场机制的盲目性、竞争性等弊端。

三、体现创投行业多元参与优越性的客观需要

多中心协同治理范式强调特定领域事务的治理需要多元主体的参与，政府、企业、社会组织、公民等经由开放合作的网络平台参与特定领域事务的治理。而创投行业作为一个系统，在其运作过程中同样存在众多的参与主体，如创投机构、创业

企业、创业投资人、政府相关部门、特定社会组织等，这些主体借助创投平台发挥各自的功能作用，通过协作共治形成整体合力，促进创投行业的良性持续发展。因此，以多中心协同治理范式为引导构建创业投资协同发展的机制安排，能够展现出多元主体参与的优越性。这种优越性体现在以下方面：

（一）满足创投行业参与主体的多元利益需求

多元主体参与能够真实反映出创业投资行业领域中不同利益需求之间的博弈，如政府机构供给政策的需求、创业投资人的投资需求、创业投资机构的运作需求、创业企业的融资需求、社会组织承接服务的需求等。以满足多样化利益需求为导向，多元主体参与，摒弃过分关注单一主体需求而忽视其他主体需求的思维定式，避免单一主体利益凌驾于其他主体之上，强调各主体彼此之间相互依赖，相互作用，通过协同共治达成共识，以减少不同主体的利益冲突，实现责任共担、利益共享，从而保证创业投资行业的稳定和可持续发展。

（二）提升创投行业发展的整体效能

创业投资行业作为一个复杂系统，有着自身的功能结构和运作规则。这种复杂性意味着对该行业领域的相关事务处理既不能简单依赖政府的行政干预，也不能盲目相信市场的自发机制，更不能无视社会组织的配合支持。因此，发挥政府、市场、社会的三方的协同作用，促使提供必要产品和服务的多元主体增强回应性，同时对环境的变化保持灵活的适应性，减少因信息不对称或者沟通不畅所造成的外部阻力，从而弥补市场自主管理和政府自上而下调控的不足，使各种资源要素在运作过程实现最大程度的整合和合理配置，从而有效提升创投行业发展的效率和质量。

（三）增强创业投资行业发展的专业化程度

创业投资行业领域的复杂性和变动性特征决定了解决该领域事务方式的专业化程度。解决方式的专业化程度越高，解决事务的难度就越低。而多元主体参与能够为创投行业的发展提供更具灵活性和适应性的专业化工具，进而提升创投行业发展的创新性。例如，政府机构运用政府购买、服务外包、招标订单等政策工具，与企业和第三部门充分协作以解决创投运作所需的融资来源。又如，根据创投行业特定的事务和所需要的资源要素，选取合适的主体，建立临时性质的主体间协作组织。这个组织中，各参与主体是平等协同的关系，各负其责且相互联系。在组织目标达成后，组织解散，在新的目标确定后，再建立全新的组织。

第二节　构建广东创投协同发展机制安排的可行性

广东创业投资作为一个有机系统，突出强调三个层面的协同发展，即行为主体之间的协同发展、运作管理过程的协同发展、支持环境中各要素之间的协同发展。构建科学、合理、规范的协同发展机制安排，使之能够促进创业投资各行为主体和组成要素相互影响、相互依赖、相互协作，形成整体合力，推动创业投资的结构优化与功能提升。为此，以多中心协同治理理论范式切入，从政府、市场、社会三个维度来分析探讨协同发展机制安排的内容要素、目标准则和运作方式，搭建起协同发展机制安排的整体架构，为广东创业投资的健康和可持续发展提供兼具前瞻性和可行性的路径选择。

一、政府维度：精准化的政策供给与规范监管机制

（一）政策供给机制

众所周知，市场机制在配置资源要素的过程中发挥基础性作用，创业投资市场同样也不例外。由于创业投资本身具有高风险、高投入、高产出等突出特点，在运作过程中会受到信息的不确定性（委托代理关系引发逆向选择和道德风险的存在）、垄断行为（垄断集团利益驱动阻碍创业企业的成长）、外部性（创投行为主体获取利益和承担风险之间的不对称和不匹配导致创业投资有效供给不足）等负面因素的影响，要素资源的流动配置往往会出现失灵或失效现象，造成市场秩序的紊乱。实践中，纠正市场失灵和缺陷不能由市场本身来完成，因此，政府来承担政策供给的职能以解决市场机制的内生弊端显得尤为必要。政府通过持续而有效的政策供给，在一定范围内管控市场的运作，既能够避免各种投机或违法违规行为，又可以降低潜在风险累积的可能性，促进创投市场的规范化、合理化和可持续发展。

1. 政策供给机制的构成要素

（1）政府创投引导基金

就本质而言，政府创投引导基金是在借鉴国外政府机构参与创业投资发展经验的基础上提出的一个具有中国自身特色的概念产物。2008年10月，国家发改委、财政部、商务部等部门联合发布了《关于创业投资引导基金规范设立与运作指导意见的通知》，其中对政府创投引导基金进行了专门界定："由政府设立并按市场化方式运作的政策性基金，主要通过扶持创业投资企业发展，引导社会资金进入创业投资领域。引导基金本身并不直接从事创业投资业务。引导基金的宗旨是发挥财政资

金的杠杆放大效应，增加创业投资资本的供给，克服单纯通过市场要素配置创业投资资本的市场失灵问题。特别是通过鼓励创业投资企业投资处于种子期、起步期等创业早期的企业，弥补一般创业投资企业主要投资于成长期、成熟期和重建企业的不足。"[1] 政府创投引导基金作为由政府设置，通过财政出资形式引导社会资本进入创业投资领域并按照市场化模式运作的政策性基金，其主要特征体现在以下几方面：

首先，从性质而言，创投引导基金是一种政策性基金。有别于传统意义上的商业性创投基金通过投资创业企业，当企业发展成熟之后借助退出来获取资本收益，创投引导基金虽然涉及适时退出的程序环节并且拥有获取投资收益的目标，但更侧重于用政策引导社会资本投向行业重点领域以引领行业整体发展。

其次，从运作方式而言，创投引导基金按照市场化模式运作。在实践中，创投引导基金引入市场化竞争机制而不是运用行政方式进行运营管理。政府部门的作用体现为以有限合伙人的身份参与但不干预基金的日常管理事务和投资决策，通过依据业绩表现和专业化指标来选择市场化团队合作成立子基金进行运作。

再次，从目标趋向而言，创投引导基金的目标是引导社会资本合理有序投入创投领域。一方面，基于社会资本对于政府"背书"行为的高信任度，创投引导基金能够借助政府信用保障形成"杠杆效应"，吸引更多的社会资本投入创投领域，为重点行业和新兴产业的发展提供资金上的有力支持。另一方面，政府部门与创业投资机构共同出资设立子基金，通过适宜的风险共担和收益共享等机制安排，鼓励社会资本投资初创企业，为初创企业开拓出更多的融资渠道，一定程度上缓解初创期企业融资难的问题，使其获得更好的发展条件和环境。此外，政府通过联合社会资本共同设立子基金，委托专业化、市场化的基金管理团队负责运营管理，减少"寻租"行为和"挤出效应"带来的投资风险，保障投资过程的专业性和规范性，有效提升基金的投资绩效。

创投引导基金的主要模式分为：参股基金模式、融资担保模式、跟进投资模式等。

参股基金模式是引导基金中运用较为广泛的一种模式，指的是引导基金作为母基金，以参股方式与社会资本共同发起设立子基金，委托专门团队或专业人士对子基金进行运营管理。参股形式包括成立新企业、组建成立有限合伙企业等。

融资担保模式，指的是创投引导基金以信贷机构对企业的信用评估报告为创业企业提供担保，支持其通过债权融资的方式扩大投资规模。融资担保分为两种形式：对历史信用良好的创业企业以补偿基金的方式直接进行担保；由专业的担保机构以

---

[1] 国家发改委等. 关于创业投资引导基金规范设立与运作指导意见的通知 2008 年 10 月

补贴的方式为创业企业提供担保。融资担保模式的优势在于放大资本的规模效应，提高资金利用效率。

跟进投资模式，指的是创投引导基金按照创投机构投资额的一定比例提供相应额度的股权投资，以同等条件联合创投机构对项目和创业企业进行投资。跟进投资模式的优势在于分散降低投资风险，提高社会资本投向早期企业的积极性。

此外，创投引导基金的运作模式还包括风险补偿、投资保障等。风险补偿指的是对投资于初创期、创新型中小企业的创投机构给予一定的补助，增强创投机构的抗风险能力；投资保障指的是对子基金投资的初创期企业给予一定额度的涵盖技术研发、产品产业化和市场推广等相关费用的资助，提升初创期企业的竞争和生存能力。

（2）税收优惠政策

政府对创业投资征税（增税或减税）会对资本规模和投资结构产生一定影响，这种影响称之为税收效应（Tax Effect）。税收效应分为正面的激励效应和负面的阻碍效应。正面的激励效应不但能够增强创投行为主体的投资意愿和积极性，而且能够提高创投运作管理的效率。正面的激励效应主要通过税收优惠来实现，政府可以通过税收优惠政策对创业投资的规模与方向进行合理引导。税收优惠政策对创业投资的影响主要体现在两个方面：一方面，税收优惠能够降低创业投资的投资成本；另一方面，税收优惠能够增加创业投资的投资收益。

实践中，税收优惠政策既涉及创业投资的供给方（投资者）、创业投资的运营方（创投机构）、创业投资的需求方（创业企业），又贯穿于创业投资运作流程的各个环节。一般而言，创业投资的运作流程可以分为资本筹集（融资）、资本投入（投资）、产品投放、投资退出以及投资收益分配等环节。不同的环节所涉及的税收优惠有所不同。

融资阶段：税收优惠主要涉及订立合同协议所需缴纳的印花税等行为税，以及扩大融资规模和拓宽融资渠道而实施的税收减免等。此阶段的税收优惠能够影响投资者的投资意愿和投资判断。

投资阶段：税收优惠主要涉及创投机构选定合适的创业企业并投入资本所需缴纳的行为税，如对创投机构收取的管理费和服务费征税以及一些相关的投资税收抵免等。此阶段的税收优惠能够影响创投机构对投资方向的选择和投资目标的确定。

产品投放阶段：税收优惠主要涉及创业企业向市场推出产品所需缴纳的流转税，如消费税、营业税、增值税等，以及企业获得利润所需缴纳的所得税。此阶段的税收优惠影响创业企业生产经营的决策取向和获取利润的规模。

退出阶段：税收优惠主要涉及创投机构转让或出售其股权资本和产权资本获得

投资收益所需缴纳的行为税，如创业企业股票上市过程中对股票交易行为征税的证券交易税等。此阶段的税收优惠影响创业投资的退出效率。

投资收益分配阶段：针对投资收益在投资者与创投机构之间的分配，税收优惠主要体现为所得税。所得税根据创投企业组织形式的不同而有所区别，公司制的创投企业需缴纳企业所得税，有限合伙制的创投企业需缴纳个人所得税。此阶段的税收优惠将影响投资收益的分配效果。

（3）政府贷款（财政补贴）、政府担保等金融支持

针对创业投资的高风险性和创业企业尤其是高新科技创业企业自身欠缺抵押品的特性，政府有必要通过提供贷款和担保等方式对其进行金融扶持，进而带动社会资本投入创投行业，拓展创业投资资金来源渠道。

政府贷款指的是政府采取优惠利率（利用政府贷款与商业贷款之间的利差）、延长还贷期限（根据创投机构现金流产生的实际情况灵活设计还贷时间表）、债务豁免（贷款者资不抵债时，免除其借款）等手段为受资金约束的创投机构和创业企业提供财政补贴。政府贷款一般采用中长期的低息或优惠贷款的形式，既直接提升创投机构的投资成功率和创业企业的生存能力，又间接增强投资者的投资信心和积极性。

政府担保分为两种方式：贷款担保和权益担保。其中贷款担保指的是政府对以银行为代表的金融机构按照其发放贷款的一定比例提供担保，促使银行为代表的金融机构向那些难以满足贷款要求（规模较小且缺乏信用记录）但有极大发展潜力和市场前景的中小型创业企业发放贷款。贷款担保的实质是以一种"政府信誉"作为抵押品的融资方式，目的在于鼓励银行等金融机构加强对创投行业的融资力度，不但有效减少创投机构与创业企业之间信息不对称，而且能够降低银行等金融机构的违约风险，一定程度上提高投资的成功率。

权益担保指的是政府以其信用为担保鼓励创投机构为创业企业提供权益性基金。相对于贷款担保，权益担保没有定期换本付息的压力，可以为投资者的部分损失提供一定补偿，还能够降低投资风险并提升投资组合的成功率和回报率。权益担保又可以具体分为损失分担、公共杠杆与免偿还借款以及私人杠杆与贷方担保等形式。

总的来说，政府对创投发展的金融支持关键在于消除创投发展的融资障碍，改善创投发展的宏观金融环境，吸引更多的资本投入到创投行业，壮大创投行业的规模实力，提升其整体竞争力和活力。

（4）政府采购

政府采购指的是政府通过订立期货合同、预付定购金、发布招标书以及购买意向合同等方式以高于或等于成本的价格购进创业企业的产品，以有效降低创业企业经营风险、提升销售业绩并实现资金回笼。国外发达国家和地区的创投实践表明，

政府采购为其高新技术企业和高科技产业发展提供了强有力的市场引导、支持和保护，已经成为其实现产业高端化、集约化发展的重要手段。由此不难看出，政府采购的实际价值在于不但能够为创投机构和创业企业发展提供必要的融资支持，还能够为创投行业提供及时的导向指引和政策倾斜，推动创投行业与战略性产业相互融合、相互协同并创新发展。

2. 政策供给机制的目标原则

(1) 政策供给的客观合理性

客观合理性强调政策供给要突出广泛性和实效性。一方面，政策供给应深入覆盖创业投资发展的各个环节（投入、运作、退出）、各个层面（主体层面、要素层面、环境层面），进行细致调查研究，在对各环节和各层面的实际情况进行细致调查研究并准确研判的基础上制定出切实可行的政策，避免仅凭主观感受判断或"闭门造车"做出盲目或错误决策。另一方面，政策供给应加强在实践中充分检验政策的运用效果，根据实践反馈对政策及时进行针对性调整，效果明显的予以持续推广使用，效果不理想的予以修改提升，确保政策供给既能够真正反映创投发展现状和市场需求，又能够处理并解决突出问题和矛盾，发挥其引导创投健康有序发展的积极作用。

(2) 政策供给的协同互动性

协同互动性强调政策供给要突出协作性和共享性。一方面，政策供给应促进各创投主体（创投者、创投机构、创业企业）之间通过相互联系、相互依赖、相互协作来应对处理创投发展面临的突出问题。在此过程中发挥资本、人力、技术、知识等要素的功能作用，实现资源的合理循环流动和科学配置，并满足各自的个性化需求；另一方面，政策供给应通过对创投运作整体流程（融资、投资、退出）的全面介入，及时推动创投相关信息内容的公布和分享，消除信息不对称可能造成的潜在风险，打破隔阂和阻碍，实现创投各环节之间的有效衔接。此外，政策供给还应注重实现内部运作管理和外部支持环境两者的有机统一。

(3) 政策供给的可持续性

可持续性强调政策供给要突出能动性和长远性。一方面，政策供给不能一成不变，或单一固定，需要随着创投市场状况的动态变化进行自我调整。应根据因时因地性准则（如时空条件、社会文化、经济发展程度等）对政策的导向和内容予以创新拓展，使其一定程度上能够反映出未来的发展趋向并加以适应；另一方面，政策供给不能故步自封，排斥其他的思路、经验和模式。由于创业投资本身处在动态变化的过程中，不断吸收并融合各种要素资源来促进发展。因此，政策供给需要充分借鉴其他国家和地区先进的特色经验、崭新思路和成熟模式等来查漏补缺、调整方向并充实内容，在交流互动的基础上保持旺盛的生命力并提升可塑性。

3. 政策供给机制的运作方式

(1) 完善创业投资引导基金

首先，合理安排引导基金出资比例和规模，提升基金投资效率。

政府在设立引导基金时需强化顶层设计，根据自身地域、产业结构特点以及财政能力进行宏观规划，按照实际情况及时发布基金数量、财政出资金额（比例）、吸引社会资本规模、重点投资领域等，减少盲目性，避免造成重复投资和资源浪费。其中，尤其要针对出资比例和基金规模应做出专门安排。对于出资比例而言，如果出资比例过高，则扶持引导范围会相应缩小，引导效果受到一定影响；如果出资比例过低，政府的引导规范作用难以完全体现。对于基金规模而言，则根据创投行业的实际需求、创业投资活动的规模、自身财政能力等因素进行综合判断，使其与经济发展和产业结构调整相适应。

其次，健全科学合理的运作绩效评价体系。一方面，明确引导基金的绩效评价的层次性。绩效评价分为两个层次，一个层次是政府部门对引导基金管理机构的绩效评价；另一个层次是引导基金管理机构对于其与社会资本共同设立的子基金的绩效评价。

针对第一层次的绩效评价，主要从三方面指标入手：政策性指标、经济性指标、规范性指标。其中，政策性指标主要体现在子基金吸引的社会资本规模、子基金投向重点企业或行业的比例等；经济型指标主要体现在子基金所投资企业的收入利润、企业的价值实现程度等；规范性指标则主要考察与引导基金合作的创投机构的投资业绩、筹资能力、行业研究专业性、提供保障服务的能力等。

针对第二层次的绩效评价，着重针对投资项目是否符合引导基金规定以及基金投资效率等方面进行评估。在此，既不能以单一年限的、单个项目的成败与否作为判断绩效的标准，也不能照搬传统的国有性质的投资机构的评价标准（企业的保值增值情况、企业上市数量等），而应以支持新兴产业发展、鼓励创业企业创新、推动高新科技成果转化作为标准，根据子基金的投资领域和方向，以较长的时间维度和投资项目的整体绩效进行综合研判，将引导基金的绩效评价结果与引导基金的未来投入相结合。

此外，引导基金应加强与专业化的基金管理团队合作，吸引其积极参与引导基金的运作管理，建立起灵活多变的人才激励机制，增强其积极性，进而提升基金的运作水平和效能。

再次，建立信息披露与共享平台，强化部门机构间协同互助。一方面，应构建由创投机构、创业企业、财政部门、科技信息部门等相关机构或部门参与的信息披露和共享平台，实现市场与政府之间的有效衔接，既便利创投机构、创业企业通过平台获取相关政策信息，又为政府相关部门评估企业发展状况和政策实施情况提供现实依据。例如，根据产业结构特点和行业发展现状，由政府相关部门，如工商部门、金融部门、科技信息部门等联合设立创业企业项目信息库；政府部门委托第三方中介咨询机构对域内的创业企业进行调查，筛选出发展潜力巨大且急需资金支持的企业和项目。

另一方面，加强政府相关部门与创投机构、创业企业之间的统筹协调，构建整体性的联动协调机制，既避免政策资源的浪费，又提升政策实施的效果。例如，由财政部门、科技部门等牵头，联合发改委、工商、知识产权等部门，与创投机构、创业企业组织成立联席协调机构，共同研判引导基金运作管理中出现的各种问题和状况，通过加强沟通并集思广益，形成推进政策有效落实的共识，从而达到降低政策实行和管理成本的目标。

（2）优化调整税收优惠政策

首先，优化调整对创业投资机构的税收优惠政策。税务部门应适当降低公司制和有限合伙制创业企业的企业所得税抵扣门槛。

对于公司制创业企业，应将70%的投资额进行所得税抵扣的认定范围由"通过高新技术企业标准认定的中小型企业"逐步拓宽到具有巨大发展潜力、具有创新突破性、具有长远发展前景的中小型科技企业。认定范围标准不再局限于高新技术企业这个单一前提条件，而是增添诸如企业总资产、企业人员数量为代表的规模性指标和企业研发投入占比、企业知识产权占比等技术性指标，并在此基础上构建起科学化、可操作性强的认定标准体系。

对于有限合伙制创业企业，应允许70%的投资额进行所得税抵扣由原先采用的"查账征收方式"逐步拓展到采用多样化方式征收企业所得税，不对征收方式做专门规定，避免出现业务相同而税负不同的现象。

其次，优化调整对创业投资者的税收优惠政策。

一方面，加强对个人投资者的税收优惠。税务部门应对公司制企业的自然人股东和有限合伙制企业的自然合伙人的股息收入适时采用包括税率降低、股息红利收入减半征收或免税等内容的税收优惠政策，以调动投资者参与投资的积极性和持续性，减轻其税负并避免重复征税。

另一方面，允许个人投资者参与创业投资的资本损失进行抵扣。

当参与创业投资的自然人投资者在股权转让过程中出现投资损失，税务部门可以采取如税率降低、税收减免、税收抵免等形式予以补偿，有效降低个人投资者自身承担的风险。与此同时，税务部门应允许自然人投资者的投资损失当年未抵扣完毕的，可以无限期结转，其投资的盈利部分可以免征个税。

再次，优化调整对创业企业的税收优惠政策。

一方面，逐步扩大前端（创投早期）投资的投资抵扣的税收优惠范围。如适当调整现行管理方法，将是否备案的硬性规定放宽，规定有限合伙和外资创投只要投资于未公开上市的高新技术中小企业且持股时间达到标准，均可以给予 70% 的投资额抵扣税收的优惠政策；将只针对未上市高新技术中小企业的投资抵扣税收优惠逐步拓展到普遍性的抵扣税收优惠（国际通行的低税率的资本利得税）；针对税收优惠可能出现滥用的现象，税务部门应对抵扣的范围进行严格限定，例如，符合条件的股权转让收入可以进行投资抵扣，当年抵扣不足的部分可以无期限延伸结转。

另一方面，适当延长创业投资对高新技术企业投资抵扣的期限。税务部门应将创投机构投资于未上市中小型高新技术企业的期限予以适当延长，以符合创业企业的成长周期。其价值在于既能够为中小型高新技术企业提供持续的资本支持，保证其长期流动性的获得，也利于避免创投机构利用税收抵免的漏洞进行违规避税。

为加大对创业企业的税收优惠力度，税务部门还应加快对增值税进行相关改革，将传统意义上的生产型增值税转变为消费型增值税。例如，对创业企业固定资产和无形资产进行审慎评估，制定出差异化的固定资产和无形资产税额抵扣优惠政策，以降低创业企业的生产成本，促进其持续健康发展。此外，税务部门可以适当减免创业企业的出口增值税，以鼓励其积极参与出口贸易，加强技术与产品交流，提升其市场地位和竞争力。

（3）推进扶持鼓励政策多样化

一方面，强化对创业投资的金融支持。在实践中，应积极发挥政府贷款、政府贷款担保以及政府权益担保等多种金融支持手段的正面效应，为创投发展提供强有力的支持和保障。

具体而言，政府贷款可以采用降低利率、延长贷款期限、减免债务等方式，并且在投放贷款时充分考虑相关因素的影响，以保证贷款的到位率和实际效果。例如，融资比例，政府贷款应规定企业债务占比的最高限额以防控企业风险；企业的偿债能力，政府贷款应根据企业成长周期和市场状况明确企业支付本息的时间限度；企业绩效，政府贷款应以企业绩效作为判定贷款实施效果的标准；专业人员的技能，政府贷款应考量专业人员的技能，使其具备评估创业企业绩效的能力；对社会资本的吸引力，政府贷款应将对社会资本的吸引力作为投放贷款的前提条件，防止不公平竞争可能引发的市场秩序紊乱。

政府贷款担保可以采用由商业银行等金融机构委托经营或者贸易协会等行业组织的资助等方式，并且需要充分考量相关因素的影响，保障担保的公信力和可持续性。例如，贷款类型，担保贷款可以选择固定资产、运营资本等类型；风险分散，担保贷款应合理确定政府担保的占比，占比过高容易造成担保资源的过度浪费，占比过小则会影响分散社会资本风险的作用；担保能力，政府担保要求贷款者具备一定的担保能力，包括企业资质和背景、股份构成、业界信誉等；担保费用，政府担保要求贷款者能够支付一定的风险金以减少担保成本；违约状况，政府担保应进行成本效益评估，筛选出违约率较高的企业以降低风险；项目评估，由担保方、贷款者以及第三方评估机构对政府贷款担保项目进行评估，有效监督项目的运作管理。

政府权益担保目的在于降低社会资本参与创业投资的风险和成本，提升其收益能力和水平，从而开拓出更多创业投资的融资渠道。政府权益担保需要充分考虑相关因素，防止担保资源的滥用和浪费。例如，风险分担，政府担保的比例需要起到鼓励投资的作用，社会资本的比例也需要承担投资选择的责任；担保管理，权益担保要求对社会资本参与创业投资进行严格管理，以防止因牟取私利造成的投资风险；担保效果，权益担保应对权益效果进行评估，以担保是否为创业投资带来更多的资本投入作为衡量标准；增值服务，接受权益担保的创投机构应主动为创业企业提供多元化的增值服务，以增强其生存能力和适应能力。

另一方面，发挥政府采购政策的积极作用。政府采购能够为多样化的技术和产品创新活动拓展出更多的市场空间，对创业投资和高新技术产业发展起到重要的促进作用。为此，政府采购应从以下几个方面入手：①政府采购的总体原则既要体现出公平公开的权威性和普遍性，也要体现对高新技术产业和创业投资的支持、鼓励和倾斜的政策倾向。②政府部门应改进政府采购的评估和审核方法，审慎认定并及时更新自主创新的技术和产品目录，给予自主创新技术和产品以优先待遇，采购部门需优先购买自主创新目录中的技术和产品。③加强预算控制，优先安排自主创新项目。财政部门在预算审批的过程中应优先设置采购自主创新技术和产品的预算。对于政府投资的重点工程和项目，相关机构应将承诺采购自主创新技术和产品作为申报立项的条件，并明确采购自主创新技术和产品的具体要求。对于不按要求采购自主创新技术和产品的机构，财政部门不予拨付资金。

(二) 规范监管机制

创业投资过程中，投资的高风险性和信息不对称性并存，前者是由于决策判断或经营管理出现失误可能会诱发投资失败与企业破产，后者则由于信息获取渠道的单一狭窄致使投资者难以做出准确的决策。除此之外，创投的高收益性则可能导致出现盲目追求高收益的狂热行为。创业投资的这些显著特性如果控制和约束不力，创投市场很容易陷入投资泡沫和虚假繁荣的恶性循环，导致创投行业的崩溃。因此，建构科学合理、稳健可靠的创投规范监管机制显得尤为必要。其有助于规范创投市场的交易活动，防止不法投机行为的大量出现，维护市场运行秩序的稳定。

1. 规范监管机制的构成要素

（1）规范监管的主体

规范监管的主体可以分为：政府相关部门，如证券管理部门、金融管理部门、税务管理部门、工商管理部门以及为创业投资所设置的专业管理部门等；创投行业的自律组织，如创业投资协会、创投基金业协会、证券行业交易协会等；创投中介机构，如会计师事务所、律师事务所、标准认证机构、对上市公司进行监察及调查机构等。创业投资监管的范围包括：创业投资机构的监管，即对创业投资机构的法律组织形式、运作经营方式等进行功能性监管；创业投资基金的监管，保障创业投资基金的资金筹措、合理运营和风险可控；创业企业的监管，一方面促使创业企业合法经营，保证收益的实现，另一方面对其行为活动进行动态监管，如准入监管、运作监管及退出监管等。

（2）规范监管的客体（对象）

规范监管的客体（对象）主要包括：创业投资者、创业投资公司、创业投资基金管理公司、接受创业投资的创业企业、为创业企业和创业投资机构提供涵盖投融资、股票交易、公开上市、退出等一系列服务的主板市场、创业板、中小企业板市场、场外交易市场等，为创业投资活动提供服务保障的各类中介机构以及参与创业投资的其他客体（对象）。

（3）规范监管的内容

创业投资作为典型的资本运作领域，涉及的监管内容较多，主要包括以下几个方面：创业投资领域的准入管理，主要针对创业投资企业、创业投资基金以及创投基金管理机构的设立进行资格核查和审批；对主板市场、创业板市场、中小企业板市场以及场外交易市场中企业上市资格标准进行审查；创业投资机构的投融资活动是否符合法律规范要求进行监督和核查；创业投资机构和创业企业在股权转让中的行为活动进行规范性监管；对在主板市场、创业板市场、中小企业板市场以及场外交易场所中违反市场交易原则、破坏市场秩序的行为进行审查和监管；对上市企业信息披露过程中弄虚作假、隐瞒等行为进行监管和惩罚；对为创业投资提供服务支持的各类中介机构的行为活动进行监管和核查，防止有违职业道德和操守现象的出现；对创业企业资格的标准认证进行监管和审查；对创业投资机构、创业企业以及中介机构利用非法手段牟取个体利益，侵害出资人和公众利益的行为进行监管和惩处；对因决策失误、玩忽职守、滥用职权造成创投重大损失的行为进行调查和处理等。

2. 规范监管机制的目标原则

诚信公开、公平公正、适度可控原则不但是创投监管机制运作的必要原则，而且是创投监管机制实现的目标所在。只有三者相互补充、相互作用、相互协调，才能促进创投行业的健康和可持续发展。

（1）监管的诚信公开

监管的诚信公开是创业投资应当遵循的基本原则之一。诚信原则在实践中要求创业投资的各行为主体在交易运作过程中以诚实信用为标准来参与创业投资活动，既不滥用自身权利，也不干涉他人权益的实现。在创业投资中严禁一切形式的欺诈和操纵市场行为，避免一切误导并损害各方利益的行为发生。

公开原则不但是投资者做出科学合理投资决策的前提条件，而且是对创业投资进行有效监管的必要方式。公开原则在实践中要求与创业投资有关的一切真实信息应及时迅速向公众公开，不得以各种理由隐瞒和虚报，充分保证公众和业者的知情权。众所周知，创投市场的信息流动量大，流动速度较快，存在着信息不对称的现象，投资者往往依靠从公开渠道获取与创投相关的信息进而做出投资决策。只有将与创业投资相关的信息予以全方位的公开，投资者才能够在创投过程中做出适时而明确的投资判断，这样才能减少投资决策失误的可能性，尽可能地避免投资失败。

（2）监管的公平公正

监管的公平公正同样是创业投资监管实现的目标原则所在。公平原则在实践中强调从事创业投资的各行为主体参与市场运作的机会平等、法律地位平等、法律权益平等以及受法律保护平等。首先，在创业投资活动中，机会平等的意义十分重要，它体现为公平的市场准入和市场规则的遵循。任何参与创业投资的行为主体的机会和条件都是均等的、无差异的，都需要按照公平的市场规则从事相关活动，例如，创业投资者拥有公平的投资和交易机会、创业投资机构有公平的运营机会、创业企业有公平的融资机等。其次，平等的主体地位与平等的权益。其主要体现在法律上各行为体平等承担义务，平等享受权利，权利与义务相一致。无论是创投机构还是创业企业，无论是个人投资者还是机构投资者，都应在自愿、平等的基础上按照公平的原则进行交易活动，任何一方不得侵害另一方权益的实现。再次，平等一致受法律保护。任何参与创投主体的权利都应平等地受法律保护，平等的保护要注重实效性，如果任何一方的权利受到不法侵害，应及时采取相应的法律救济和援助措施，协助其维护自身权益，减少因损害造成的损失。

与公平原则不同的是，公正原则的针对对象主要是创投行业的立法者和管理者，着重强调对其行为的各种约束和限制。公正原则在实践中要求创投监管机构应制定并遵守公正的规则（适用法律法规），对各行为主体予以公正平等地对待，不偏袒任何一方，保持客观中立。公正原则的实质在于不同的创业投资主体得到公正一致的对待，严禁任何行为主体在创投活动中以其优势或特权获得不正当利益，使其他行为体遭受不公正带来的损失。此外，公平原则强调实体正义和实质正义，而公正原则则强调程序正义和形式正义。依据公正原则，一方面，立法者应制定公正合理的规则，保障各行为主体之间利益的协调平衡。另一方面，管理者应在法律许可的范围内，公正无私地执行法律，协调矛盾并解决利益冲突。

（3）监管的适度可控

在创业投资活动中，创业投资者需要根据市场的动态变化不断调整投资策略，因此需要对创业投资者给予充分的决策自主权，允许其自由选择，与此同时，为保障投资者的合法利益并避免不法投机行为，需要对创业投资者的行为予以一定的控制和约束。因此，监管的适度可控的价值作用在于在自主性和约束性之间保持有效的平衡。适度可控原则在实践中要求创投监管机构对创投各行为主体的行为活动实行有限度的监管，保障各行为体在合理范围内实现各自权益。为此，监管机构一方面应充分发挥市场机制主动调节资源要素配置的作用，对其积极作用予以有效引导；另一方面应尽可能减少其固有缺陷带来的负面影响，同时避免监管行为凌驾市场行为之上，防止权力的滥用，压制市场竞争与活力。

3. 规范监管机制的运作方式

（1）构建集中式监管与自律式监管相结合的监管体系

集中式监管和自律式监管是两种取向不同的监管模式。集中型监管的优点包括以下方面：首先，其拥有市场机制以外的对创投市场进行管理的统一架构，既能够客观、有效、严谨地发挥监管职能，又能够维护创投市场秩序的稳定，更能够消除创投市场机制的弊端，避免由于信息失灵和过度投机行为引发的外部性问题的出现。其次，其拥有明确的、专业化的立法和执法规制，能够有效提高创投监管的公正性、可靠性、权威性以及监管的广度和深度。再次，承担集中式监管的职能机构所处的地位更加具有"超脱"性和公平性，更能够充分尊重各行为主体的立场和诉求，避免因利益造成监管失范和效能下降。同样，集中式监管也存在自身的缺陷和问题。首先，由于创投市场各行为主体活动的范围空间较为广泛、各资源要素流动的速率较快，致使监管内容的涉及面、监管对象的复杂程度以及监管流程的艰巨性等不断扩展和增强，单纯依靠集中式监管容易造成对市场行为的过分干预，不能面对动态的变化进行针对性的调整，不利于发挥市场机制的自主能动性。其次，从事集中式监管的职能机构，如政府相关部门，相对于市场而言，其掌握的信息量相对有限，难以准确把握市场发展态势，使监管的成本较高，监管效率有所下降。

自律型监管模式的优点包括以下方面：首先，自律式监管与市场机制更加契合，它能够运用丰富且多样化的专业知识和实践经验来准确把握市场的运作规则并深入探究市场机制失灵的根源所在。其次，自律式监管由创投市场行为主体直接参与制定并遵循规则制度，更能体现市场的现实需求，更具灵活性和可塑性。再次，自律式监管的组织架构能够对市场中出现的违规行为或突发事件做出更为迅捷的反应并予以妥善解决，既充分协调市场的各行为主体之间的利益冲突，又预防各类风险的爆发。此外，自律式监管的范围更加广泛，其监管规则中包含着道德标准、伦理规范、理念约束等，涉及法律法规所不能管辖的边界，更具适用性；自律式监管的成本费用由市场行为主体自发承担，有利于促进市场的创新和竞争活跃度的提升。同样，自律式监管也存在明显的弊端和缺点。首先，自律式监管主要是市场各行为主体自发自愿的行为活动，具有非超脱性，不可避免地会受到追求个体利益的影响，可能会导致监管的公正性和权威性大打折扣；其次，自律式监管缺乏统一的专业化职能机构，难以充分协调市场各行为主体的利益诉求，容易引发市场运作的无序以及对监管的抵触；最后，自律式监管缺乏有效的法律法规保障，行业间规制的漏洞容易被利用，规制执行的力度较弱，难以对违规行为形成强有力的约束。

总体而言，集中式监管和自律式监管各有优势和劣势，都具有不可替代性。在创投实践中，应将集中式监管和自律式监管有机结合，即监管主体和自律主体形成统一体，进行相互协作和合理分工，这样既充分发挥各自的长处，又主动规避各自的缺点。为此，一方面，要明确集中式监管的主导地位，注重发挥集中式监管的引导作用，实施统一立法和协同管理，充分维护市场各行为主体的合法权益，确保公平、公正、公开原则能够在创投运作各环节中深入贯彻，最终实现要素资源的优化配置。另一方面要明确自律式监管的辅助地位，注重发挥自律式监管的协调作用，营造行业自律自治的整体氛围，使其能够有效弥补集中式监管成本过高、效率不足、僵化单一等缺点，针对微观层面的市场变化予以及时有效的应对和处理。集中式监管和自律式监管在相互联系、相互依赖、相互补充、相互促进的过程中，促进监管效能最大化以及监管目标的达成。

（2）构建程序合理、覆盖全面的规范约束机制

首先，完善供给层面监管的法律法规。针对创投市场的供给状况，应通过对现有《商业银行法》《保险法》《养老基金管理条例》等与创投供给相关的法律法规进行适时调整，使其能够为创投资本的合理筹措提供监管和保障。例如，社保基金、养老基金等作为创投市场潜在的供给者，能够提供规模巨大的资本储备，但由于法律的种种限制，使其难以进入创投市场进行运作。为此，可以对相关配套法律法规进行设计调整，如采取资产分离、职能分离、组织分离、以有限合伙身份参与管理等方式，来有效规避关联交易等违规行为和运作风险。

其次，完善需求层面监管的法律法规。针对创投市场的现实需求，应依据创投市场发展现状制定并调整与创投需求紧密联系的相关法律法规，如《知识产权法》

《高新技术知识产权保护法》《政府采购法》以及相关的税务法律等。使其能够通过影响创投市场的有效需求来引导资本投入的流向，更好地促进资源要素的科学配置，避免无效和盲目投入，减少投机行为，从而扩大创投市场规模，提升创投市场的整体竞争力和可持续发展能力。

再次，完善行业内部监管的规范约束。针对创投行业，应引入内部监管的规范约束。创业投资中，由于信息不对称和契约不完整性的存在，投资者和企业经理人之间具有委托代理关系。在实践中，对于投资者和企业经理人可能的私利行为仅仅以道德约束是远远不够的，有必要引入内部监管对投资者和企业经理人进行监控约束，以保证资本运作的安全。内部监管的规范约束主要包括三个层面：市场的约束（基于信誉），体现为市场客观反映资本的价值收益；产品的约束，体现为以产品质量的好坏和市场占有度来评价投资绩效；资本的约束，体现为对创业企业控制权的争夺。内部监管规范约束的具体实施则包括对董事会行使权力的监管、股东投资行为的监管以及对经理人运作管理行为的监管。

最后，完善行业外部监管的规范约束。针对创投行业，应引入外部监管的规范约束。外部监管主要由政府部门制定并实施法律法规来实现。政府的外部监管目标是治理创投市场失灵和缺陷，防范投资风险，维护创投市场各行为主体的利益。政府的外部监管主要包括：对投资规模的监管，应把投资规模设置在一定比例内，资本的盲目过度投入容易造成资源的浪费，资本流动性不足则容易造成创投运作的持续力下降；对垄断行为的监管，针对创投市场上利用不正当手段获取资源要素以提升自身竞争优势的行为进行调控管理，防止垄断的产生；对信息不对称的监管，一方面要严格要求创投机构、创业企业进行必要的信息披露，促使信息公开透明，防止虚报瞒报行为，另一方面要协助中介机构通过信用评估检验创投机构、创业企业的业绩表现，降低道德风险和逆向选择发生的可能性；对投资风险的监管，形成前后台业务的全面覆盖，着重加强对后台业务的监管，激发市场活力，提高创投市场运行效率。与此同时，建立风险预警机制和信用评价体系，及时防范和化解潜在风险；对跨国、跨地域创投合作的监管，应加强创投信息披露和共享交流，建立沟通协作和应急处理平台，预防并控制风险，保障合作事项的顺利实现；制定并完善监管的基础性法律法规，创业投资基础性法律法规是创业投资健康、可持续发展的法律支持和必要条件。政府在设计完善创业投资基础性法律法规时，应明确并协调创业投资各行为主体的权利和义务关系，对不同的创业投资行为，如公募创投、私募股权创投、政府引导基金、天使投资等，按照其属性特点实行分类和差异化管理，保障创业投资规范合理的运作。

二、市场维度：多元化的融资对接和退出选择机制

（一）融资对接机制

融资对于创业企业而言至关重要，是创业企业成功运营的基础。创业企业能否获得足够的启动资本开展生产经营活动，关系到其能否在激烈的市场竞争中生存和发展。如果没有融资成功，企业的后续投资乃至效益回报就无从谈起。创投融资过程实质上可以看作是一种资源要素配置的过程，表现为资本供需之间的合理匹配，即创投机构（创投者）将资本投入到创业企业以求获取投资收益，创业企业得到资本的持续注入从事生产运营以取得业绩。总体而言，创投融资需要考量在一定的融资风险和成本条件下，通过有效降低信息不对称、逆向选择和道德风险等来保证资本来源渠道的通达性和稳定性。因此，构建创投融资对接机制的价值在于满足创业企业合理的融资需求，提高其融资能力和运营的可持续性，实现资本要素在供需双方之间平衡配置。

1.融资对接机制的构成要素

（1）政府引导基金

政府引导基金是由政府设立并与社会资本共同发起运作的政策性基金。从2008年国家设立科技型中小企业创投引导基金开始，截至2016年底，全国创投引导基金达到448只，累积出资额达到518.65亿元。[①] 其中，广东创投基金达到38只，已到位资金规模为449.14亿元。[②] 创投引导基金针对国内创业投资结构相对单一、来源稳定性薄弱等突出问题，通过增加股权投资领域的政府资金供给，发挥财政资金的杠杆放大效应，有效避免单纯依赖市场机制可能出现的配置不均衡现象，对于缓解创投领域有效资本供应不足，引导社会闲散资本投入到种子期、起步期的创业企业，支持中小企业创新发展起到不可替代的积极作用。对于政府引导基金的运作发展，应从以下几方面入手：首先，建立外部监管和内部管控相结合的监督机制，保障基金运作的规范性和透明度。其次，引入多种形式的管理方式，推进基金的科学运作，发挥基金的引导作用和杠杆效应。再次，完善基金风险管空机制，预防和控制潜在风险，最大限度地保证基金的运营安全和顺利退出。最后，引导基金的效能表现直接纳入财政考核评价体系，形成有效可靠的绩效评估及反馈机制。

（2）民间资本

随着国家经济的快速发展，各行各业涌现出一大批民间富裕群体，这部分人群

① 胡志坚等.中国创业风险投资发展报告2017[M].北京：经济管理出版社，2017年版
② 数据来源：清科研究中心私募通数据库。

通过长期的生产经营，积累了相当数量的财富。据相关部门的统计，截至2017年底，我国居民存款余额达到164.1万亿元。[①] 其中，广东省居民存款余额为19.45万亿元。[②] 富裕个人和群体（民间资本）本身既具有比较丰富的专业知识素养和投资经验、独到的投资眼光以及较强的抗风险能力，又有着强烈而热切的投资意愿和创新理念，更拥有规模庞大的资本储备。这与创业投资高风险、高收益、高回报的行业特征和融资需求相一致。因此，吸纳民间资本投入到创投领域，不仅有利于缓解创投资本的供给不足，而且能够开拓出更多的创融资渠道，使社会资本的利用效率持续提高。此外，民间资本运用的灵活性和流转的可持续性还能有效避免政府资本自身的各种限制（准入资质的审核、活动领域的规制、经营运作的管理、回报收益的分配等），更好地发挥市场机制对资源合理配置的正面作用。为此，应鼓励支持民间资本（包括富裕个人和群体）更多地投入到创投领域，激发其投资的热情和积极性，发挥其在资本市场运作的创造力，为创投行业的发展提供源源不断的、可靠的资金保障。

（3）大中型上市企业

当前，随着国内涵盖主板、中小企业板创业板、"新三板"等结构的多层次证券市场的逐步形成，越来越多的企业选择通过上市的方式实现发展的转型和自身实力的壮大。但是，必须看到的是，在我国创投资本来源渠道当中，大中型上市企业提供的资本占比很小，非上市企业则占据相当大的比重。例如，据相关方面的统计，2016年，我国创投资本来源中，上市企业的占比仅为4.37%，非上市企业的占比达到了45.78%。就广东的创投资本来源而言，上市企业占比为5.3%，非上市占比企业高达77.2%。[③] 在市场和行业竞争日趋激烈的条件下，企业获取利润的空间和难度不断提高，为了自身的生存和长远发展，大中型上市企业迫切需要调整投资战略，探寻新的、稳定可靠的利润增长点。而创投行业的持续快速发展和高回报属性为大中型上市企业提供了一个适宜的投资方向和渠道。为此，大中型上市企业应积极主动参与创投领域的运作，利用在资本市场已经形成的优势，凭借自身拥有的扎实的投资经验和雄厚的资本实力，通过参股、收购、并购等方式手段对创投领域注入更多的资本，既促进自身投资取向的多样化，保障利润获取的可持续性，又在客观上壮大创投市场的资本实力。

（4）商业银行

商业银行资本参与创投运作不但有利于拓展创投发展的融资渠道，而且使自身能够充分利用资金优势推动业务服务创新，增强收入来源的稳定性，促进资本市场

---

① 国家统计局．中华人民共和国2017年国民经济和社会发展统计公报，2018.2
② 广东省统计局．2017年广东省国民经济和社会发展统计公报，2018.2
③ 胡志坚等．中国创业风险投资发展报告2017[M].北京：经济管理出版社，2017年版

与创投市场的平衡衔接。但需要看到的是，当前我国的《商业银行法》明确规定商业银行不能从事较大规模的创业投资业务。据相关统计，以2016年为例，我国创投资本来源当中，商业银行资本的占比仅为4.05%。其中，广东创投资本来源中，商业银行资本的占比也仅为4.6%[①]。现行金融体制对于银行资金安全性和流动性的严格要求，使商业银行资本直接进入创投领域受到很大程度的限制。为更好发挥商业银行资本参与创投运作的积极性，促进资金的有效配置，一方面，应进一步降低商业银行资本进入创投的准入门槛，在依法合规、风险可控、可持续的条件下，推进商业银行与创投机构建立面向市场的长期合作机制；另一方面，应加速各类金融产品的创新力度，促使商业银行持续探索参与创投运作的新模式和新方法。可喜的是，2016年，国务院颁布了《关于促进创业投资持续健康发展的指导性意见》，其中明确支持商业银行开展并购贷款业务和完善投贷联动机制。这充分表明商业银行资本进入创投运作的发展前景向好。

（5）以保险公司、信托公司、证券公司、养老基金、社保基金为代表的非银行金融机构

除了商业银行之外，非银行金融机构同样能够为创投运作提供充足且可持续的资本供给。非银行金融机构主要包括保险公司、证券公司、养老基金、社保基金等形式。近些年以来，我国非银行金融机构发展十分迅速，资本实力日益壮大，其在促进金融市场多元竞争，有效弥补银行信用缺失等方面起到了积极作用。但是，必须看到的是，非银行金融机构在参与创投运作方面的力度依然薄弱。依据相关的统计，以2016年为例，我国创投资本来源中，信托公司和证券公司的占比分别为1.63%和0.5%，社保基金仅为0.04%。其中，广东创投资本来源中，非银行金融机构中只有证券公司占比0.9%，其他均未参与。[②] 此外，以养老基金为例，根据《中国养老金融发展报告（2017）》显示，截至2016年底，我国养老基金结余达到3.86万亿元。如此巨大的资本规模本应成为创投行业稳定而可靠的融资来源，但是，由于我国对于养老基金的投资方向和范围有着极其严格的限制和要求（主要是养老基金只赚不赔的刚性要求），虽然在2015年，国务院出台了《基本养老保险基金投资管理办法》，允许养老基金投资股票、股票基金等金融产品，放松对养老基金投资范围的限制，却仍然禁止其进入高风险的创投行业。由此可见，非银行金融机构进入创投领域的困难重重，难以发挥促进资本有效流转和合理配置的积极作用。为此，应改革现有法规政策，允许非银行金融机构以更为适度灵活的方式参与创投运作。这样既利于推进金融市场的深化改革，又能够增添创投发展的融资动力。

---

① 胡志坚等.中国创业风险投资发展报告2017[M].北京：经济管理出版社，2017年版
② 胡志坚等.中国创业风险投资发展报告2017[M].北京：经济管理出版社，2017年版

（6）国外资本

国外资本是创投发展不可或缺的重要资本来源之一。近些年来，由于国内创投市场的蓬勃发展，吸引了众多国外资本的关注和重视。一些国外创投机构开始调整投资方向，力图进入以中国为代表的新兴市场，以求获取可观的投资收益。但是，囿于现有政策的限制，相较于内资，国外资本进入我国创投市场的规模较小。据相关统计，以 2016 年为例，我国创投资本来源中，国外资本的比例仅为 4.42%。其中，广东创投资本来源中，外资占比为 0.5%，更是微不足道。[①] 由此不难看出，国外资本的潜力尚未得到有效的挖掘和利用。这主要归因于现有政策对外商机构进入国内创投行业的诸多限制。例如，2003 年，国际税务总局出台的《关于外商投资创业投资公司缴纳企业所得税有关税收问题的通知》明确规定，外商投资创投企业不得享受税法规定的生产性外商投资企业的有关税收优惠待遇。2004 年，商务部出台的《关于外商投资举办投资性公司的规定》则规定外商申请成立投资性公司必须在中国境内设立外商投资企业，其实际缴付的注册资本出资额不能低于 1 千万美元。为此，应在针对国外资本的准入条件、税收优惠、备案登记等方面进行政策调整，放宽部分限制，充分发挥其拥有的经验和规模优势，使其为国内创投行业的可持续发展提供更多更好的支持和帮助。

2. 融资对接机制的目标原则

（1）优化各类资本，尤其是民间资本的投资环境

当前，国内民间资本的储备较为丰富，在资本市场的活跃度较高，对促进产业结构调整、经济发展方式转型等方面起到了举足轻重的作用。发挥民间资本的规模优势，合理引导民间资本进入创投行业，能够有效解决众多创投企业的融资难题。由于现阶段民间资本的投资方式相对单一，缺乏合适的投资渠道平台，处于分散化、无序化的状态，这不仅降低了金融监管的效率，而且造成大量资源的浪费和闲置，甚至出现受资本逐利性影响而铤而走险的"非法集资"现象。因此，融资对接机制通过吸纳民间资本进入创投领域，调动其积极性和灵活性，释放其活动空间，一方面能够为民间资本的发展和壮大提供新的投资方式和目标方向，另一方面能够优化民间资本的配置，使其更好地为创投行业提供充足的资本供给。

（2）扩大创业投资的资本规模

众所周知，创业投资的有效运作离不开大量创投资本的推动。创投资本如果达不到一定的规模和体量，将会影响到创投运作的效能。因此，扩大创业投资的资本规模是融资对接机制所要达成的重要目标所在。在创投资本募集的过程中，资本规

---

① 胡志坚等.中国创业风险投资发展报告 2017[M].北京：经济管理出版社，2017 年版

模的大小受到资本来源方式的直接影响，单一的资本来源会制约资本规模的扩张。随着资本市场流动性的日益加快，创投资本规模的扩大需要多种形式投资主体的支持，单个的主体既无法保证资本的有效供给，也无法支撑创投行业的整体运营。包括政府资本、企业资本、金融机构和非金融机构的资本、个人资本在内等都需要积极投入到融资中，整合形成有机、系统的融资网络，才能推动创投资本的持续累积，进而促进创投的正常发展。

（3）拓宽创业企业的融资渠道

充足的资本是创业企业发展壮大的先决条件，稳定的资金来源能够使创业企业降低由于资金链断裂引发的各种风险，保证企业的正常运营。一般而言，创业企业对于资本的需求既取决于企业的经营发展规划，也依赖于企业的融资能力。这种需求在创业企业尤其是中小型创业企业成立初期表现为通常依靠亲友借款、内部集资等方式筹措所需资金。而随着创业企业规模的不断扩大，经营运作需要更多的资本投入，融资需求会持续扩大，这些企业会受制于融资渠道的狭窄和融资能力的欠缺而举步维艰，迫切需要拓宽融资渠道来获取进一步发展所需的资本支持。融资对接机制能够有效地将创业企业的融资需求与各类型的投资主体进行有机衔接，实现供需双方的务实合作和精准匹配，对流动性的资金予以科学合理的配置，保证其发展的持续性和稳定性，从而解决创业企业融资难的棘手问题。

3.融资对接机制的运作方式

（1）推进民间资本与多类型资本的合作融资

民间资本作为创投稳定和持续的资本来源之一，相比政府、银行等机构融资而言，限制更少，更加灵活，能够起到分散投资风险，促进资源市场化配置的积极作用。尤其是当前众多企业进入二次创业阶段，迫切需要通过资产整合重组和创新运营方式来调整投资方向，实现企业的升级发展。民间资本和其他类型资本的结合能够为创业企业的改革创新提供一种新的资本运用模式，不仅有利于拓宽企业进行深入发展的融资渠道，而且有助于企业精准迅捷地选定适合的投资领域，明确市场发展定位，更能够发挥创投的高额回报属性，为企业成长带来潜在的利润增长点。民间资本与其他类型资本的合作主要有以下几种形式：

首先，民间资本与政府资本的合作融资。民间资本与政府资本通过建立多种形式的组合投资来参与创业投资，并委托专门的职业经理人参与创投运作的管理。这些组合当中的民间资本主要包括富裕个人为代表的个人投资者和富裕群体、企业为代表的机构投资者等。民间资本和政府资本通过合作明确了共同的投资对象，采取具有一致性的投资行为，并根据合作准则获得相应比例的收益分配，既发挥两者的长处，又弥补了彼此的不足。其价值在于一方面发挥民间资本的灵活性和积极性，以撬动资本市场投入创投运作，另一方面发挥政府资本的引导性和前瞻性，增强对投资方向进行调整和把握的科学性和合理性。

其次，民间资本与国外资本的合作融资。民间资本与国外资本通过合作建立合资性质的创投公司来参与创投运作。这种合作有助于充分利用国外资本在运营管理上的优势和国际化的投资经验，在质量和规模上壮大民间资本的实力。其价值在于两者通过有机结合来加速彼此在资本市场上的循环流动，进一步增强创投融资的可持续性和稳定性。

再次，民间资本与其他机构资本的合作融资。这主要包括民间资本与商业银行、保险公司、证券公司、信托公司、养老基金、社保基金等进行合作。由于目前国内针对部分机构资本（除政府、银行外）参与创投运作进行了相应限定，使这种形式的合作处于探索尝试阶段，可以作为融资方式的有效补充。民间资本与此类机构资本的合作既要增强风险意识，注重对各种潜在风险的防范，又要加强沟通协调，避免因信息不完整、不对称可能带来的损失。

（2）创新完善创业投资机构的组织形式

随着国内资本市场环境的改善和发展，创投行业对高质量和大规模资本的需求与日俱增，因此，建立准确反映且适应市场变化的创业投资机构并完善其组织架构显得尤为必要。具体而言，主要有以下几种形式：

首先，民营投资机构。当前，由于受到法律法规的限制，相对于政府投资，民营投资机构的数量和规模都有待增强。据相关统计，以2016年为例，我国创投资本来源中，民营机构占比18.36%，不到整体的五分之一。其中，广东创投资本来源中，民营机构资本相对丰富，占比47.7%，但未能超过一半。[①] 因此，壮大民营投资机构的资本实力成为提升创投积极性和主动性的必然选择。为此，应从以下几方面入手：第一，发挥天使投资人的作用。天使投资人一般拥有较多的个人财富、丰富的投资和运营经验，对新兴前沿产业的发展有敏锐的眼光和科学的判断，并且具有为创业企业和创业者提供资金支持的强烈意愿；第二，调动新兴企业家的积极性。新兴企业家一般具备充实的知识储备和丰富从业经验，熟悉资本市场和创投行业的相关规则，拥有运用所持资本实践自身的投资理念的能力；第三，充分利用民营企业的资金。民营企业作为具有强大竞争力和市场活力的投资主体，迫切需要将资金投入到新产品的研发和市场的开拓中去，以求在行业发展中占据一席之地，而创投行业能够为其实现再生产和资本的循环利用增值提供更多的渠道选择。

其次，大型企业集团成立的创投机构。大型企业集团为实现自身的可持续运营

---

① 胡志坚等．中国创业风险投资发展报告2017[M]．北京：经济管理出版社，2017年版

发展，可以通过成立创投机构来调整投资方向、领域和策略，促进资本的循环再利用。大型企业集团主要包括国有、集体所有、混合所有等性质的投资企业、投资银行及实业公司。大型企业集团通常采取参股、控股或者独立出资等方式成立创投机构。这类创投机构能够借助大型企业集团所拥有的雄厚的资本实力、广阔的市场布局、充足的人力资源储备、丰富的投资运营经验等先天优势，实现对创投项目或企业的融资，融资的稳定性和可持续性相对较高。

再次，中外合资性质的创投机构。国外资本是创投资本的重要来源之一，应利用国外资本在运作和管理等方面的优势，设立中外合资性质的创投机构参与到国内的创业投资进程当中，对创投行业的发展起到良好的示范引导作用。当前，国外以美国为代表的发达国家的创投机构多采用有限合伙的组织形式，这种组织形式能够满足创投市场运作的内在要求，一定程度上降低投资的风险。国内新修订的《公司法》业已承认并给予有限合伙以相应的法律地位。因此，从创投资本安全性的角度考量，依据有限合作的制度安排来规范并设计中外合资创投机构的运作有着较强的可行性。具体而言，出资结构多样化，可以分为政府资本、民间资本、国外资本；机构管理专门化，机构由专业的经理进行管理；投资责任分摊化，投资者承担有限责任；投资收益即期化，投资收益根据企业的发展周期实行即期分配以利于监督和约束。这种方式既可以提升创投机构自身的运作效率，完善机构组织结构，又能够充分拓展资本来源，降低融资成本。

（3）调整改革创投融资的相关规定限制

当前，随着国内创投市场的迅速成长和发展，融资的政策环境也在逐步改善。但是相比发达国家，国内对于创投资本筹集的政策法规仍然存在不少的差距，一些规定带有传统计划指令的痕迹，限制并约束了创投资本多元化筹集的可能性。为此，应着力创新调整现有政策规定，给予创投融资更多的自主权和灵活性。

首先，降低银行及非银行金融机构资本进入创投的门槛。从国外创投资本的相关融资政策来看，商业银行、保险公司、信托公司、养老基金、社保基金等金融机构资本都是创投资本的重要来源，进入创投行业的限制较少，自由度较高。而我国当前无论是《商业银行法》，还是《保险法》《养老基金管理办法》等法律制度对这类资本进入都有相当严格的限制。虽然在2016年，国务院颁布了《关于促进创业投资持续健康发展的若干意见》，明确鼓励支持商业银行积极开展并购业务和投贷联动、保险公司发展投保联动、信托公司探索开发新模式和新产品等。但在现有法律的制约下，对于这类资本来源渠道的开拓明显力度欠缺。为此，应从立法的指导思想上入手，通过对现行的《商业银行法》《保险法》《养老基金管理办法》和《全国社会保障基金条例》等相关法律文件做出适当修订，如支持银行在风险可控的前提下，创新各类投资模式，加大对创投行业的融资支持；鼓励保险公司、信托公司等发挥自身优势，开发出更多有效衔接创投融资的业务领域；养老基金、社保基金等则要允许一定比例的资金进入创投行业，实现基金的合理利用和保值增值。通过调整完善相关法律规定，进一步放宽金融机构投资者的投资限制，以适应创投行业对于资金需求持续增多的变化趋势，使其成为促进创投发展的稳定可靠的资本来源。

其次，优化国外资本投入创投行业的环境。当前，国外资本在我国创投资本来源中所占比重较小，发挥作用的空间较为狭窄。究其原因，主要是国内对于外商投资创投行业的相关法律规定难以起到有效引导并保障国外资本介入创投行业。国外资本不但要遵循国内《公司法》《合伙企业法》等法律规定，还要面临有关外商投资的相关法规限制，发展的制度环境亟待优化提升。为此，应从以下两方面入手：一方面，降低国外资本的准入门槛。2003年颁布的《外商投资创业投资企业管理规定》中对于投资人的出资额度规定不得少于一亿美元，设立创投公司要向审批机构提交申请书、业务合同、必备投资者的声明、注册登记证明、预先核准通知书等文件。这些规定不符合商业投资活动的一般规律，且程序复杂烦琐，难以提高业务效率。因此，需要对这些规定进行相应修改调整，如降低出资额度，简化审批程序等，以适应创投市场的变化。另一方面，增大国外资本参与创投的税收优惠。2003年颁布的《关于外商投资创业投资公司缴纳企业所得税有关税收问题的通知》规定，外商投资创投企业不得享受税法规定的生产性外商投资企业的有关税收优惠待遇。此举虽然避免了双重征税问题，但由于无法给予与国内企业同等的税收优惠，无疑会影响国外资本进入创投的热情。可喜的是，2009年颁布的《关于实施创业投资企业所得税优惠问题的通知》将外商投资创投企业与内资创投企业一视同仁，给予双方同样的所得税优惠。可以预见，国外资本进入创投行业的积极性会大大提高，也将会发挥更加重要的作用。

(二) 退出选择机制

创业投资的退出是整个创投运作过程的最后一个环节，其重要性不言而喻。作为创投资本合理流动的关键所在，它既是原先创投行为的结束，又是新的创投行为的开端。创投退出的价值在于为创投者、创投机构以及创业企业之间搭建起协同合作的桥梁，使创投资本能够在三者之间循环利用并在循环过程中实现价值增值。在实际运作中，如果缺乏合适的退出渠道，创投资本只能实现账面上的增值，其效用无法得到最大程度的发挥，只有选择合适的退出时机并采取有效的退出方式实现成功退出，创投资本才能在持续的循环流动中由账面增值转化为实际收益的增值。从某种意义上说，创投退出的成功与否是衡量创投运作成效的一个重要标准。因此，建构合理高效的创投退出选择机制显得尤为必要。

1. 退出选择机制的构成要素

（1）首次公开发行上市（IPO）

首次公开发行上市，又称IPO。它是指创业企业发展到一定阶段，将创投者所持有的股份在交易市场进行公开上市以募集所需资金，将权益资本转化为股权资本，进而实现投资的收回与资本的增值。首次公开上市的交易市场主要包括主板市场、二板市场以及海外市场。其中，主板市场一般指的是证券交易市场，其对企业发行股票进行上市有着严格的规定，较为注重企业的资产规模、营业收入、利润率等指标特征，符合上市标准要求的创业企业较少。二板市场主要是针对中小型创业企业，尤其是高科技企业进行发行上市的市场。与主板市场相比，其在上市条件和运作规则等方面的要求相对较低，创业企业更倾向选择该类市场进行上市操作。此外，随着金融全球化进程的日益加快，在海外市场实现IPO发行越来越成为资本运营增值的新兴方式之一。在海外市场进行公开发行上市的价值在于能够充分利用全球范围内的资本进行资源配置，获取广泛的资本收益。海外市场针对企业上市的国际化程度要求较高，尤其海外事务管理运作的标准严格。因此，拥有国际化业务的大企业集团易于选择该类市场进行上市。

（2）并购

并购包含兼并与收购，主要指创业企业发展到相对成熟阶段，由创投机构对其进行整合并将所持有的股份出售给战略投资者，进而实现资本退出和投资收益的获取。按照创业企业出售的对象来区别，并购可以分为两种形式：一种形式是"一次并购"，即由战略投资者一次性出资整体购买创业企业的股权；另一种形式是"二次并购"，即由其他创投机构接手处理股权收购事宜，股权的受让方追加对创业企业的后续投资。

（3）回购

回购主要指的是创业企业的管理层或者企业员工按照合约以有价证券的形式对所持有的股份进行回购交易，以实现资本退出和投资的收益。按照回购的操作主体来划分，可以分为管理层回购（MBO）和员工回购（EBO）两种形式，前者是由创业企业的管理层通过外部融资的方式将所持股份回收，支付方式一般包括现金（银行贷款）、自身持有的股权、期权等。后者是由创业企业通过建立员工持股基金来购回创投者所持有的股权，企业员工成为创投者原先拥有的那部分股份的新持有者。按照创业者进行回购时所处的地位划分，回购又可以分为主动回购和被动回购。前者一般是在创业企业发展前景较为乐观的情况下，创业者主动对创投者发出要约并洽谈回购事项，以期通过回购所持有的股份增加对企业的控制权。后者则是在创投者对创业企业的发展前景预判较为悲观的情况下，便会选择与创业企业商谈回购事宜以求快速退出，尽量减少投资损失。

（4）清算

清算指的是在创业企业出现经营情况持续恶化，达到资不抵债，濒临破产的条件下，为避免投资损失的进一步扩大，对企业的债权债务和资产采取清查处理。清算可以分为两种形式：一种形式是破产清算，指的是当创业企业债务累积到无法持续进行政策的经营管理活动的情况下，其申请破产清算以保证投资收益。通过破产清算，创投者或创投机构可以按照法律规定的权益偿付程序，收回一定的投资。另一种形式是解散清算，指的是当创投项目因无法完成运作或得不到有效融资而产生债务的情况下，创投者和创业企业通过协商洽谈的方式主动结束并解散项目，并将项目的剩余资产进行分配以尽量减少清算的成本。

表 42   创投退出方式的对比

退出方式	优点	缺点	适用情况
IPO	1. 退出的回报收益率较高； 2. 有利于被投资企业在资本市场上的进一步融资，提高企业的知名度。	1. 对被投资企业的各方面指标有严格的要求，耗时较长，程序烦琐，成本高。	1. 资本市场活跃，股市良好，估值较高； 2. 被投资企业的各方面指标都表现良好。
并购	1. 交易自主性较强； 2. 退出周期短； 3. 受市场波动影响小。	1. 投资回报率低于 IPO； 2. 被投资企业容易失去自主权； 3. 需要寻找到合适的并购方。	1. IPO 受限； 2. 被投资企业不满足上市的要求，但创业投资机构准备撤资退出。
回购	1. 有利于保持被投资企业的独立性； 2. 所获得的收益回报不受股权市场波动的影响。	1. 对资金的要求很高，需要被投资企业找到很好的融资杠杆； 2. 回报率远低于 IPO。	1. 创业者不愿意因为创业投资机构的资本退出而给企业的日常运营带来不确定性； 2. 被投资企业希望获得自主权。
清算	1. 及时止损，最大程度上收回资本； 2. 还清债务。	1. 申请破产的成本高、耗时长、法律程序复杂； 2. 对创业投资机构造成不好的影响。	1. 收回的资本足够抵消申请清算的费用； 2. 有大量债务需要偿还。

2. 退出选择机制的目标原则

（1）评判投资运作实效，体现投资价值

和传统企业相比，创业企业具有高增长性、高风险性、高变动性等新特点，难以运用传统的评价方法来评估其运营管理的绩效。例如，很多创业企业在初创阶段缺乏稳定的现金供给，难以用财务核算方法进行统计。与此同时，创投项目包含的技术创新、管理经验等无形资产也很难用传统的计量模型予以估值。此外，这些企业采取何种发展方式也没有范例和经验可以遵循借鉴。为此，退出选择机制可以为创业投资行为提供一种较为客观且准确的评价方法，即把创投资本退出的增值程度作为衡量创业投资的效率和价值高低的标准，最大限度地发挥市场机制的基础性作用。

（2）实现创投资本增值，满足投资回报

创业投资者愿意承担高风险来参与创投运作的一个重要原因就是追求经济上的高回报，实现资本增值。如果只是一味单纯地投入，而没有可观的产出，创投者的积极性就会大打折扣。同样，创业企业参与创投运作的一个重要原因就是通过实现项目的成功运营来获取相应的收益。如果只是不断地重复业务或项目运营而没有进行资本的变现，账面价值就不能转化为实际价值。为此，创投退出选择机制既可以为创投者提供投资回报的稳定渠道，也能够为创业企业提供价值增值的现实途径，最大限度地满足创投主体的个体权益的实现。

（3）促进资本循环流动，降低投资风险

创投资本在退出过程中不仅仅实现了价值增值，更重要的是获得了更强的流动性。众所周知，在创投运作的整体过程当中，资本的循环流动是必要条件。融资需要资本支持，投资也需要资本支持，退出更需要资本支持。退出能够释放出更多的流动资本，这些流动资本受到高收益创投项目的吸引而实现再次投入，从而形成资本的良性循环。如果没有有效的创投退出途径，创投资本就无法在合适的时机得到转化变现，资本就难以实现增值，投资回报也同样难以保证。因此，创投退出选择机制能够为资本的流动提供更稳定且更灵活的渠道空间，使其可以按照市场需求进行合理的配置，降低各种不确定性所带来的风险。其真正价值体现在以下两方面：对于创投者而言，能够更加专注于挖掘优质的创业企业和创投项目；对于创业企业而言，能够更加注重于对自身和项目进行科学的运营管理。

3. 退出选择机制的运作方式

（1）完善多层次的资本市场

首先，推进创业板市场建设。创业板的推出主要针对具有高成长性、市场前景广阔的中小型创业企业。作为资本市场的重要组成部分，创业板市场以国际化的标准设立并运作，不仅有利于进一步改善优化现有资本市场的结构体系，提升市场整体运行的效能，而且能够在资本市场与创业投资、企业创新之间形成相互协作、相互促进的联系网络，促进经济的可持续发展。为此，创业板市场的建设应从以下几方面着手：严格控制信息披露。创业板市场应严格管理上市企业相关的信息披露流程，包括公布季度性财务报表，汇报企业的业务进展、业务目标和业务活动前景等，使投资者在充分认知企业基本信息的基础上做出恰当的投资决策；协调监管主体分工。当前，创业板市场的监管主体是证监会与交易所。证监会的主要职能是审核企业的上市资质是否符合市场规定，企业是否存在不符合市场规定的行为活动并予以公布等。交易所的职能是监管上市企业的市场表现，如企业年度财务报告的审核，对于市场出现重大变动情况进行调查，对企业的违规行为进行严厉处罚等。只有两者之间明确权责职能并协调分工，才能保证创业板市场的有序发展；规范企业内部运作治理。在创业板市场上市的企业，不但要遵循科学的企业治理规则，而且要具备健全的企业治理结构，这样一方面能够提高企业的业界信誉，另一方面保证企业运营管理的实效。

其次，强化"新三板"市场建设。新三板市场原指中关村科技园区非上市股份有限公司进入代办股份系统进行转让试点，因挂牌企业均为高科技企业而不同于原转让系统内的退市企业及原 STAQ、NET 系统挂牌公司，将其称为新三板。对于自身资质难以满足主板、创业板上市标准的中小企业来说，通过新三板市场上市使得企业可以依据行业发展态势和自身发展进入相应的退出渠道，不但简化便捷上市程序，而且提高市场运行效率。为此，新三板市场建设应从以下两方面入手：一方面，合理扩容。解决新三板市场挂牌企业数量急剧增加和系统容量有限的矛盾，在合理合规的基础上扩大市场容量；对系统相关规则进行及时调整，以真切反映市场的发展变化，如自然人的投资范围的扩大等；持续强化市场监管，防范系统风险。将证券业协会的自律性监管和证监会的统一监管有机整合，发挥各自的职责分工，共同保障市场的规范和有序引入。另一方面，引入做市商制度。引入做市商制度有其必要性，一是发挥制度的定价功能，客观判断、评估并报出挂牌企业的价值，减小自身由于持有一定的仓位所承担的风险。二是可以为股票交易活动寻找并提供合适的对象，大大提高市场的流动性。三是提升市场的国际化程度。做市商制度是国际上通行的一种运作模式，引入做市商制度可以与国际接轨，使信息发布、报价、投资者委托以及清算等相关程序能够在做市商的制度框架下更加规范有序地运作。

再次，积极发展地区性场外交易（OTC）市场。众所周知，资本市场的初始发展形式是柜台交易，在证券交易所产生之前，产权交易主要通过柜台交易进行。柜台交易的优点在于灵活性较强，既不需要满足上市标准，也没有严格的外在约束监管。因此，应着力发展地区性的柜台交易市场，为当地的中小企业提供股票产权交易服务的场外交易场所。发展场外交易的作用在于：一方面通过形成规范的交易价格，降低交易的相关成本并提高交易效率；另一方面借助柜台交易来构建区域性的产权交易网络，强化交易流程的管理并丰富企业的交易选择。为此，需要在借鉴发达国家的成熟经验和先进技能的基础上，进一步调整完善相关政策法规，为企业进入地区性交易市场创造更多机会和便利条件，不断提升地区性交易市场的地位并保障地区性交易市场的规范秩序。

最后，构建转板调整制度。成熟发达的多层次资本市场具有鲜明的统一性和层次性的双重特征。一方面，不同层次的市场自身都具有独特的上市门槛和规则特点；另一方面，不同层次的市场之间存在一个流动渠道，在一定条件下企业能够在不同层次间流动，这个流动渠道就是转板调整制度。转板调整制度的价值在于将层次分明的资本市场融合成为一个有机整体，保障企业和投资者的权益，提高资本市场中资源要素配置的整体效率。为此，应充分借鉴国外发达国家相对成熟的转板制度建设经验，结合国内资本市场现实条件，构建具有自身特色且符合实际需要的转板调整制度，使企业在不同发展阶段选择不同的市场板块，符合条件可以升级转板，不符合条件则降级转板，灵活的升降级转板渠道既能提高企业的投资积极性，又能形成良好的竞争氛围，进而连通协调各层次板块市场的有序发展，最终为创业投资的退出奠定坚实的基础。

（2）拓展多元化的退出渠道

首先，灵活运用多类型的投资工具为创投退出开拓新路径。创投的投资工具通常表现为普通股、优先股、债权式投资等诸多形式。其中，普通股投资最为常见，拥有创业企业普通股的创投机构能够深度参与创业企业的运营管理，可以根据企业的业绩表现来确定退出时机和退出方式，从而保证退出时的权益实现。优先股投资则有利于创投资产的保值增值，如果满足赎回条件，创投机构可以通过持有的优先股实现退出，如果企业运营业绩差，在进行破产清算时，创投机构可以通过优先股实现资产的优先分配，以尽量减少损失。债券式投资是在创投机构与创业企业签订投资协议中确认期权的交易。当发生创业企业无法达到盈利目标或者因其他原因难以正常上市的情况，创业企业的股东（包括创投机构）有购回股份的权利。这种方式在投资协议中明确了退出的相关条件准则，既减少了退出的成本和阻碍，也可以有效保证资本的循环流动，一定程度上还能增加短期收益。除此之外，资产证券化也是一种较为便捷的退出方式。所谓资产证券化就是将流动性较小的金融资产作为储备资产，借助资本市场发行债券或票据的方式来增大储备金融资产的流动性，促进资产结构的优化和要素的匹配。资产证券化的流程如下：创业企业选择适合证券化的持有资产组合，将其出售给特定目标企业；然后由特定目标企业以购进的资产组合作为担保来发行证券，实现投资资金的回笼。在此过程中，创业企业聘请专业的信用评级机构进行相应的评级以确保证券发行的可靠性和稳定性。创业企业采取资产证券化的价值在于依据自身的经营特点来选择适合进行证券化的资产，对选定资产进行科学规范的运作，以降低潜在风险并确保信用的实现。

其次，引导鼓励创业企业赴海外上市。随着经济全球化的发展，很多创业企业的业务不仅仅限于国内，而是随着规模的扩大延伸到国际市场。同样，随着资本市场跟国际资本市场的交流合作越来越频繁，创业企业对于资本市场的选择也不局限在国内，而是放眼全球，选择合适的海外市场进行上市操作以实现资本退出。例如，创投发展迅速的以色列，其公开上市大多选择在国外而不是国内。当前，由于国内主板市场对于上市标准要求较为严格，门槛较高，二板市场的容量相对不足且存在运作不规范的问题，因此，更多的创业企业开始转向海外市场上市，寻求新的退出方式。虽然在以前相当长的一段时间内，海外市场在监管规则等方面限制了诸多中国企业，但随着国内企业自身实力的不断增长，使相当多的国家意识到没有中国企业的参与，其发展会失去更多的动力和后劲。随之而来的是不平等的规则逐步消除，国内企业在海外市场交易的阻力大大减少。总体而言，企业赴海外市场上市的优势在于，相对于国内主板和中小板，海外市场的上市审核更加简化，门槛相对较低，上市流程更加便捷，且配套措施更加完善。例如百度、分众传媒、盛大等知名企业纷纷在较短的时间内在美国纳斯达克上市，创造出惊人的"财富效应"，对其他创业企业产生了巨大的示范效应和号召力。为此，应充分利用国外市场来搭建并拓展创投退出的渠道平台，如在海外设立相关的新技术产业投资基金，鼓励创业企业在海外市场上市，并提供相关的配套服务。

再次，促进创投机构积极开拓并购交易。对于创业企业来说，通过 IPO 方式实现退出的综合优势明显，但在目前国内多层次资本市场建设尚未健全成熟，配套制度措施尚未充足到位的情况下，采用并购的方式实现退出不失为一个相对稳定且可行较强的方式。和 IPO 相比，并购退出虽然使创业企业失去了控股权，但是仍然具有费用成本较低、退出时间较快、操作风险较小、对资本市场的依赖较小等突出特点。目前，就并购方的资源来说，国内主板市场中数千家上市企业的容量规模完全可以吸纳创业企业的并购。因此，应支持鼓励那些具备相当实力的企业或企业集团对创业企业进行并购，一方面可以提高自身的技术能力和整体创新能力，促进自身投资方向的多元化，巩固并增强行业地位；另一方面，创业企业能够借助收购方的实力实现资本扩充和循环利用，保障收益的正常获取和自身价值的彰显。需要注意的是，在并购的过程中，对于创业企业的产权关系一定要通过相关评估机构进行清晰界定，防止因产权关系不清而产生的各种附加问题。此外，除了支持国内企业进行并购之外，还可以鼓励开放国外企业积极参与并购，在并购交易实践中学习借鉴国外企业先进的管理运作、技术能力以及丰富的并购经验，既为国内企业的退出创造更为广阔的空间，又在并购领域与国际深度接轨，加速国际化进程。

三、社会维度：常态化的中介服务和人才支持机制

（一）中介服务机制

众所周知，影响创业投资能否成功运作的一个重要因素就是创投中介机构提供的服务支持。与创投企业的性质不同，创投中介机构自身不参与投资，也不参与创业企业的运营管理，更不介入任何权益关系，其所提供的是项目选择评估、投资策略选择、财务会计审核、科技应用评价及法律规范宣介等诸多方面的咨询建议服务。创投中介机构一方面充当创业投资各参与主体间联络沟通的桥梁，另一方面为资本、信息、知识、人才、法规等各类创投资源要素提供科学合理的匹配对象。创投中介机构所发挥的双重作用是不可替代的，如果缺少了创投中介机构的服务支持，创投各参与主体和资源要素之间的隔阂就会明显增多，创投管理的潜在风险会持续上升，创投整体运作的效能会大打折扣。因此，构建长效化的创投中介服务机制显得尤为必要。

1. 中介服务机制的构成要素

（1）会计师事务所

其职能是协助创业企业及时且公正地进行信息披露，了解创业企业的发展成长情况，扮演财务审计和财务顾问的双重角色。具体而言，其作用体现在以下几方面：为创业企业提供有关财务技术、知识、法规政策等方面的咨询支持；为创业企业提供财务数据的分析整理、财务报表的审核统计等方面的服务；为创业企业提供融资、资产重组、收购兼并等相关资本运营问题的咨询和顾问服务，同时承担相关的预算编制、财务审核、财务分配等专业性工作；为创业企业提供与财务密切相关的其他配套服务，如参与企业资本结构、股权结构、管理架构及治理机制的规划安排、财务和税务相关的制度建设等；为创业企业编制财务会计报告、盈利审核报告等财务资料。

（2）律师事务所

其职能是协助创投机构（创投者）与创业企业之间进行商业业务谈判和契约合同的签署和审核，为创投的正常运作提供必要的法律保障。其作用主要体现在以下两方面：创投机构（创投者）与创业企业之间有合作意向时，律师事务所协助两者拟定、调整并完成合作协议，实现法律意义上权利和义务的界定；在创投资本退出时，律师事务所协助创业企业完成相关的法律协议，并且为创业企业公开上市（发行股票）提供必要的法律业务咨询。

（3）资产评估机构

其职能是对创投企业进行资产核实清查，依据核查资料和专业经验对创投企业

的资产情况予以客观公正的评价，为创投资本的投入和退出提供价格判断依据和参考。其作用主要体现在以下三个方面：创投资本投入时，针对创投者的资质进行评估；创投运作过程中，针对创投业绩进行评估；创投资本退出时，针对创业企业的资产进行评估。

（4）创投行业协会

其职能是强化协会成员，即创投业界（创业者、创投机构、创业企业等）与政府相关机构之间的信息交流沟通，依法制定并执行行业行为准则和规范，提供组织培训、人才交流、从业资格认定、同业网络搭建、项目分享协作以及行业内部运行自律监督等服务。

（5）标准认证机构

其职能是组织科技专家和学者对创业企业的技术可靠性、先进性和成熟度等进行评判鉴别，向政府相关部门提供鉴定报告，为其进行资格审核并认证授权资格提供参考。

（6）知识产权估值机构

其职能是依据市场机制对创业企业所拥有或开发的知识产权成果进行评价估值。其主要作用体现在组织相关专家学者对创业企业的知识产权成果价值予以评价，提出知识产权估值报告，为企业的技术成果或无形资产参与股权配比提供科学依据。

（7）咨询顾问机构

其职能包括以下方面：为创业企业提供资本运营相关的前期考察调研、方案设计、业务谈判、战略规划制定等专业化工作；为创业企业提供涵盖市场推广、人才团队整合、技术渠道资源匹配等方面的支持服务；为创投机构（创投者）筛选、评估投资项目，参与实施并监控运作计划等。

此外，中介服务机制还包含项目评估机构、专业化的融资担保机构、督导机构、投资银行等各类型的功能性机构参与。

2. 中介服务机制的目标原则

（1）全面性的信息传递

中介服务机制以覆盖广泛、种类多样的信息为纽带在创投运作各参与主体之间搭建沟通交流的平台，打破信息隔绝壁垒，快捷、精准、及时地将所需信息传递给市场的供需双方，使其能够在较短的时间内以合理的价格达成交易。这样，交易成本随之降低，交易效率得以提升。与此同时，市场的供需双方依据获取信息进行行为和策略调整，推动供给和需求的适度均衡，进而引导资源要素合理配置。

（2）专业化的支持协助

中介服务机制针对创投各参与主体的差异化特点和不同需求，按照分类细化的专业领域，发挥熟练精当的专业能力，提供专业化、个性化的业务辅导。对于创投机构而言，一方面依据其资质水准为其提供覆盖广泛，阶段性和长远性相结合的战略规划和布局选择，另一方面依据其方向定位为其调整完善运作治理机制提供必要的建议咨询，做到"有的放矢"。对于创业企业而言，则对其整体状况、优缺点、发展潜力、技术水平和转化能力、成果的市场前景等进行科学研判和评估，进而为其提供匹配市场或行业需求的对接方案设计，做到"对症下药"。

（3）严密而公正的权益保障

中介服务机制以公正的第三方立场对创投各参与主体的资产、资质、信誉、产品成果、技术等进行科学审核和量化认证，遵循审慎和严密的准则，将检验核查结果以真实信息的形式传递到创投市场中。在此过程中，其主要从事策略方案性质的业务活动，保持媒介平台的客观独立性，既不隶属于任何主体，也不干涉或介入主体的具体行为操作，通过建立并维护主体间的供需关系来保障各主体合法权益的实现，从而起到社会监督的作用。

3. 中介服务机制的运作方式

（1）推进中介服务市场化改革，增强其独立性和专业性

中介服务机制的一个最大特点就是客观、独立，发挥作用不依赖任何一方。承担中介服务的创投中介机构首先应在资金获取、行政管理、人员构成等方面摆脱与原先挂靠单位（脱钩转制）的直接联系，尤其是减少政府部门的过多干预，改变政出多门引发的相互推卸责任、运营效率下降的不利局面，独立客观地行使其职责，维护其公正的市场地位，真正成为自负盈亏、自主运营、自我约束的主体。

其次，中介服务机制的作用发挥应以市场规律和准则为依归。创投中介机构在业务活动中应主动深入挖掘市场需求，通过缜密调研和细致考察来积极对接各种潜在的和急需解决的创投需要。想客户之所想，急客户之所急，不能狭隘地画地为牢，停滞不前。要在市场实践中不断积累经验，转变原先"等、靠、要"的服务观念，树立并运用前瞻性和常态化的创新思维，改变单一固定的服务方式，根据市场多样化的需求变化及时调整、扩大服务范围和种类，以客户满意度和业务完成度作为评判自身服务质量的标准，从真正意义上提高服务效能。

再次，中介服务机制的专业化水平直接决定服务质量的好坏。低下单一的专业化水平会对创投中介机构运营活动效率产生负面影响。专业化水平的提升一方面有赖于中介机构自身内部运作模式的调整完善，包括信息获取处理的网络化、业务谈判交流的动态化、咨询沟通的平台化、审核评估技术的科学化、人才整合匹配的合理化等。只有内部运营机制通畅，才能有效保证中介服务的素质和水准。另一方面，外部的协同合作同样不可或缺。创投中介机构不能故步自封，只专注于自身事务，

而是要加强与业内外、区域内外同行之间的交流与合作，形成复杂化、网络化、整体化的互动合作平台，打破各自为政、"山头"分割林立的局面。此外，创投中介机构还可以通过重组联合、兼并收购等方式，将分散化的小机构整合形成大机构，形成规模优势，打造资质优良、技术先进、特色突出、业界赞誉的机构品牌。

（2）强化中介服务的监督管控，提升其信誉度和自律性

中介服务机制的运作离不开有效的监督管控，如果失去了必要的监管，中介服务的公正性和独立性难以得到保障，服务效果也会大打折扣。对于中介服务的监督管控，可以分为两个层次：外部层次和内部层次。

首先，外部层次的监督管控，主要强调的是政府部门以及相关法律法规对于中介业务的管理和规范，避免违法违规和不道德行为的产生和泛滥。政府部门对中介服务的管理着重在于准确把握中介机构的资质认定和业务准入。对于缺乏相关资质或业务范围不符合准入条件的中介机构应撤销行业资格，及时进行清理整顿，对于符合资质标准和业务范围的机构应予以正确引导，减少审批时间，简化审批程序，实现准入的迅捷化和常态化。对于相关监督管控的法律法规，内容需要与时俱进，应根据行业市场的变化和国际通行规则进行调整，淘汰去除陈旧且不切实际的条款，切实反映出监督管控的最新动向和前沿发展以便于规范。需要指出的是，在监管次序上要注重事前监管和事后监管相结合，不可偏废，既突出事前监管的防患于未然的作用，又保证事后监管的法律效力和执行力度。此外，新闻媒介的监督作用不能忽略，通过对具有典型代表性的行为和个体的宣介，营造出诚信可贵、作假可耻的社会舆论氛围，可以弥补政府部门的管理疏漏，有利于推进形成网络化和层次化的监管格局。

其次，内部层次的监督管控，主要强调的是内部自律和行业自律，提升中介的美誉和信用。内部自律着重在于中介机构自身运行机制的科学管理和规制。一方面应按照行业相关的法律法规来搭建管理架构并制定管理制度，从源头上规范自身的业务经营活动；另一方面，中介机构应在日常工作活动中树立并强化质量和合规意识，将"以质量求生存，以信誉求发展"设定为重要的目标，推行并不断调整内部质量检查和多轮次审计制度，做到及时发现问题，迅速制定改进措施，以期在机构内部建立起一套维护声誉自觉性高、信用责任意识强的运行机制，为市场提供优质、高效服务提供坚实的保障。

行业自律着重在于中介机构之间形成信用第一，规范经营的共识，引导规范机构的日常业务。在这其中，行业协会发挥着极其重要的作用。作为中介机构的联合体，行业协会具有广泛的代表性和可靠的权威性，以相关法律法规和政策作为依据，以行业发展的现实需求为目标方向，集思广益，博采众长，制定并实施行业的服务标准和行为规范，对机构人员的职业操守、违规惩戒方式、资格认证评价等方面予

以监督管控，减少或避免失信作假行为，维护行业整体的品牌形象，促进整个行业发展环境的清正。

（3）增强中介服务人才的培养，拓展其灵活性和多样性

人才既是创投运作发展不可或缺的要素资源，同样也是中介服务的有生力量。中介服务机制的有效运作离不开中介服务人才的鼎力支持。中介服务人才的数量多寡和素质高低直接影响到中介服务水平。因此，培育符合市场需要，专业化和多类型的中介服务人才成为推进中介服务质量提升的必然选择。

首先，中介服务人才职业道德和操守的培养。公信度和客观性是中介机构赖以生存发展的核心原则。作为中介机构从业人员的中介服务人才同样需要秉持并维护职业道德和行业操守。中介服务人才要树立信用第一、声誉优先的职业理念和信仰。一方面，从自身内部角度而言，中介服务人才应积极主动参与多种形式的道德教育与养成活动，不断加深对行业准则的认识理解，掌握丰富多样的操作技能，在实践中持续提升职业素质并内化为奉献精神；另一方面，从外部环境氛围而言，全社会应形成"信用既是生命，也是财富"的共识和理念，通过媒介宣讲、事迹传播、典型示范等形式进行广泛传达，使诚信公正成为中介人才乃至每个社会成员都遵循的公德价值。

其次，中介服务人才专业素质的提升。当今时代是知识经济飞速发展的时代，创投行业的竞争日趋激烈，所谓百舸争流、不进则退。随着各参与主体对中介机构提供高水平、多样化、专业化的服务需求持续增多，中介机构必须适应这种以智力资源和知识资本运用为主要形态的行业特点，不断强化对中介服务人才专业技能的培训和锻炼，以此来增强自身的竞争力和可持续发展能力。为此，对于中介服务人才的培训一方面应做好准入工作，严格按照相关规定准则对中介服务人才的资质进行审核评判，防止滥竽充数的现象发生。另一方面，应加大力度对中介服务人才进行针对性的岗前培训及在职培训，开展诸如研讨会、论坛、业务交流会、经验分享会等多种形式的沟通交流活动，使其能够熟悉业务流程并在实践中迅速应用。此外，应支持鼓励中介服务人才参加各类型的继续教育和学历教育，抓住一切机遇增加学识素养，不断提升自身的业务水平。

再次，中介服务人才团队的塑造。人才队伍建设是中介服务机制发挥作用的助推器。众人拾柴火焰高，单个的人才不能从根本上提升中介服务的质量和水平，必须形成整体的凝聚力，发挥规模效应。为此，一方面应搭建吸引聚集中介服务人才的渠道平台，如从海外引进掌握创投相关技术、运营管理等知识的高素质人才，中介服务机构与创投机构、创业企业之间进行定期或不定期的人才交流，打造跨界融合的人才团队；另一方面从源头上为中介机构提供充足的人才储备。如高等院校、

科研机构等根据中介服务领域的特点和发展趋向，设置和调整相关的专业课程来培养符合市场需求的专门人才，为中介服务机构提供源源不断的人才供应。

（二）人才支持机制

创业投资一方面是高度化市场运作的产物，又是"人"这一要素参与的行为结果。在创业投资整体运行的过程中，人的角色和作用可以视为创业投资的神经中枢，为创业投资提供源源不断的智力和知识的供给。如果缺少了人才要素的有力支持，创业投资就成了无源之水和无本之木。从某种程度上说，创投人才数量的多寡和创投人才素质的高低决定了创业投资运行的实际绩效。只有具备充足的人力资源保障，用好人才、善用人才，创业投资的运作才会有目的性和可持续性。因此，构建可持续的创业投资人才支持机制显得尤为必要。

1. 人才支持机制的构成要素

（1）创业者

创业投资领域的各种市场需求主要由创业者来承担。大规模和高素质的创业者为创业投资行业的发展提供持续不断的动力。一个合格而"称职"的创业者通常具备两方面的素质：一方面拥有浓厚的创业意识和充足的创新能力。与一般的企业家不同，创业者自身秉持强烈的追求和梦想，既富于开拓冒险精神，也拥有丰富的创业知识，致力于开创具有长远发展前景且符合自身期待的事业。另一方面拥有一定的运营管理能力。创业者需要掌握并熟练运用与创业管理运营相关的各种知识和技能，能够在不同的创业阶段和行业领域运用这些知识和技能来及时调整自己的行为方式，以适应可能出现的变化。

（2）创业投资家

美国著名学者考茨麦斯基认为："风险投资业的发展一刻也离不开风险投资家，高素质的风险投资家是风险投资的灵魂。"创业投资家对于创业投资发展的重要性可见一斑，其作用主要体现在以下几个方面。

首先，创业项目的选择。一般而言，创业投资家在某一专业领域具有一定的基础知识和认知能力，能够及时准确地把握该领域的现状特点和发展态势，对该领域的未来前景能做出客观、理性的判断评价，从而在种类繁多的项目中筛选出具有深厚发展潜力、市场前景广阔的可作为创业投资对象的项目。其次，创投项目的融资。一般而言，技术成果从研究开发到成果转化再到市场运用，整个过程需要大规模的资本投入，周期一般较长。创业投资家能够运用自身丰富的实践经验、娴熟的融资技巧、良好的业界信誉、广泛的社会关系网络等对资本进行运作，加大募资的力度，减少募资的时间，保证创投项目融资的可持续。再次，创业企业的管理。创业投资家参与创业企业管理的作用体现在两方面：一方面是创业企业的发展规划。掌握现代管理知识的创业投资家能够运用所掌握的现代管理知识和方法为创业企业引入行业前沿的管理理念，协助创业企业规划战略发展方向，参与创业企业的运营决策，支持创业企业建立强有力的管理核心，逐步形成一整套覆盖产品研发生产、市场推广及应用、质量控制与反馈的系统化、科学化的全流程管理体系。另一方面是创业企业的财务管理。创业投资家参与创业企业财务运作，能够深入了解创业企业运作过程中的财务特点，对创业企业的财务状况进行客观分析、判断和评价，规范并监督创业企业的财务管理流程，有效降低投资。此外，创投企业家可以在资本循环筹措、利润分配、退出时机选择等重大问题上协助创业企业做出合理决策，保障创投资本保值增值。

（3）创投管理者

创业投资的运作过程中，创业企业的管理模式不是一成不变的，会随着企业的成长发展而发生相应的调整和改变，即由创业型管理模式向职业型管理模式转变。创业型管理模式是创业企业在早期阶段所采用的管理模式，在此阶段，创投管理者既是创业者也是管理者。由于创业企业的组织形式较为简单、资源要素相对不足等特点，创业者自身的管理知识、技能和经验能够应对创业企业的早期化管理。随着企业规模日益扩大，资本、人员等要素的不断投入，创业企业运营日益复杂，初期的管理模式难以适应创业企业管理升级的要求。创业企业运营的复杂性使创业企业对专业化、高素质的企业管理者——职业经理人的需求大大增加。职业经理人参与到创业企业管理进程中，其优势在于：一方面，创业企业的决策方式发生相应改变，由原来的单一集权式向分散授权式转变，企业决策的随意性和发展方向的不确定性会有所减少；另一方面，企业管理模式向网络化、规范化和系统化转变，发展潜力会得到及时挖掘，各种潜在的风险降低，企业的科技创新能力、市场适应能力、行业竞争能力逐步加强，创业企业发展步入成熟稳定的阶段。

2. 人才支持机制的目标原则

（1）以人为本

创业投资的人才支持强调以人才为中心，分析研判人才的潜在和现实需要，以满足人才的潜在和现实需求作为立足点。一方面，准确把握塑造创投人才培养环境的需求，加强创投人才培养环境建设，提高创投人才培养能力，推动创投精神传播，营造创投文化氛围，对创投人才培养实行良性管理，是提升创投人才支持水平的根本途径。另一方面，切实满足创投人才自我增值的需求，发展与创投相关的知识和技能教育，包括高等教育、远程培训、网络教育、职业教育等，提高高等院校、职业学校和科研机构的科技创新能力和对接服务能力，促进创投人才自我价值的实现。

（2）循环生态

创投人才支持机制的建设是动态可持续的。一方面，其经历周而复始的循环过程，即双创人才—创投人才—人力资源支持之间层次递进式的升级。在此过程中，技术创新、运营管理创新和成果创新不断涌现，人力资本和创投资本实现双重增值。另一方面，人才的循环流动会加速其他各种创投资源要素如知识、技术、资本等的优化组合和合理配置，共同形成一个创投发展的良性生态系统，进而成为促进创投运作持续发展繁荣的内生驱动力。

（3）科学渐进

创投人才支持机制建设既不是一蹴而就的，也不能一劳永逸。要摒弃拔苗助长的心态，依据科学合理的原则，循序渐进地进行。首先，宣传普及创投知识。通过创投知识的宣传普及，使创业者深入了解创业投资的过程，进而对自身的行为予以正确规划。其次，培训创业投资技能。创业者在创投技能方面存在个体差异，技能培训应从共性和个性相结合的角度出发，既培育共有的价值观念和精神文化，又根据个性化特点进行专业化的分类教育。再次，培育识别创投风险的能力。创业投资所具有的高风险性使风险管理能力的塑造显得尤为重要。增强创投人才的风险管理能力，有利于强化其认知和抵御风险的心理。

（4）立足当下与放眼未来相结合

创投人才支持机制的建设一方面要分析现实条件下的人才状况，根据现有人才规模和人才结构等特点，探寻出现阶段人才支持的重点领域和方法手段；另一方面则要研判预测创投行业的未来发展趋势，根据创投领域内不同行业的人才需求发展趋向，制定分门别类的、着眼长远的人才支持规划和策略。

3. 人才支持机制的运作方式

（1）建构针对创业者和创业投资家的分类培育模式

对于创业者的培育而言，重点在于一方面扩大创业者的群体规模，另一方面则是提高创业者的素质。为此，首先，转变创业者的创业思想和价值观念，既要使创业者的创业行为与市场需求紧密联结，又要增强创业者参与创新成果产业化和市场化的信心和勇气，进而使创业者能够不断聚集，形成整体的规模优势。其次，通过多种方式和平台提升创业者参与企业运转和适应市场的能力。例如，举办创业研讨会和论坛、设立创业技能辅导机构、组织创业互动团体、提供创业咨询专家交流等方式，协助创业者拓展获取创业信息的渠道，强化创业理念思路沟通，调整优化创业战略规划，从而为创业者提供坚实的支撑保障。

对于创业投资家而言，重点在于一方面要完善创业投资家的知识结构，另一方面则要营造适应创业投资家发挥才能的成长氛围。首先，创业投资的复杂性要求创业投资家不能只注重单一技能的掌握，而是要具备创新性知识储备和实践操作能力。创业相关知识的积累、进化和更新以及实践操作能力的形成需要经历一定的时间和过程。因此，需要深入挖掘并精心选择对创投事业抱有浓厚兴趣且立志在创投行业打拼的人才，对其进行培养，既有理论知识的传承灌输，也有实践认识的深入普及，通过学习和竞争来锻造出一批具有敏锐市场眼光、丰厚知识储备、成熟运作技能的创业投资家群体。其次，创业投资家参与创业投资充分展现其勇于创新的冒险精神特质。为此，应打破求稳不求变、不容忍失败的传统思想对创业投资家发挥能动性的桎梏，通过媒体传播、大众宣讲、领域互动等方式为创业投资家创造自由、灵活、宽松，以及能发挥个性特长的成长氛围，逐步确立勇于试错的创业投资理念与敢于创新的价值判断能力。

（2）建构创投人才教育培训"理论＋实践"的改革创新模式

首先，在创投人才教育层面，应逐步改变过分强调被动接受、理论知识灌输型的传统模式，构建一种互动交流、开放包容、探索启发型的创新模式。这种新模式一方面注重培养人才形成科学创新思维，另一方面注重培养人才形成创新实践意识。这不但有利于增强人才知识智力方面的积累储备，而且有利于培养人才勇于实践、坚韧不拔的奋斗精神。具体表现在高层次教育中，在课程设计选择方面应设置跨学科性质的创业投资专业，注重与创业投资相关的经济学、金融学、投资学、企业管理、高新技术产业等基本理论和内容的融会贯通和专业化训练，扩大并丰富人才的专业知识结构。在专业教育之外，注重对人才的通识教育，包括人文素质、法律规范、价值道德、风俗观念等，为人才的个性化发展开拓更为广阔的空间，增强人才对处于不断变动状态的社会和市场需求的适应和竞争能力，进而满足创业投资对于多样化、复合型人才的需要。

其次，在创投人才培训层面，针对创投从业人员而言，一部分人拥有深厚的理论知识但缺乏实践锻炼，另一部分人拥有丰富的实践经验但缺乏理论知识储备。对于前者来说，应尽快投入到创业投资运作的第一线，经受实践的锻造，将所积累的知识迅速转化为实践技能，检验所学知识的适用性，不断提升实际操作能力；对于后者来说，应在实践过程中对其进行相关的专业知识培训，如投资选择、战略规划、产业布局、法律规范、财务及人力资源管理、风险防范等，使理论知识在实践中对行为方式进行有效引导，加深其对创业投资的理性认识。

此外，对于其他跨领域的创投人才的培训教育，如从大型企业转出的高级职员、管理人员，政府部门机构改革中"分流"的职能人员，以及和其他具有专业化和个性技能的人员等，应制定有针对性的专门培训计划，如同行业内交流、海内外研修、专家针对性辅导、成功案例宣讲评介等方式方法，引导其增强创投行业的适应能力、专业知识运用的转化能力、灵活变通的人际交往能力，进而开拓出适合自身才能特质发展的空间平台。

（3）建构合理化人才流动配置和科学化激励约束模式

首先，建构合理化的人才流动配置模式。众所周知，人才即是一种智力资源，也是生产要素之一。市场条件下，要素资源必须充分流动才能保证市场机制作用的发挥。因此，人才的流动是市场对资源要素起到配置作用的必要条件。在创投领域中，人才按照供求、价格、竞争等市场规律自由流动，个体的积极性和主动性得以充分调动，进而在流动过程中实现资源配置的合理化。从长远来看，创投人才资源充分流动的同时，技术、知识等要素同样得到广泛的扩散、传播、利用，创投行业整体的发展水平会得到相应的提升。需要指出的是，创投人才的流动不是单向的，而是多向度、网络化的。其既包括行业内部的流动，也包括行业之间的流动；既有区域内部的流动，也有区域之间的流动。如创投机构与高等院校、科研机构之间的人才流动，高等院校、科研机构为创投机构培养具有产业、金融保险、企业管理等方面知识和分析、管理及应对创投风险的人才，创投机构为这些人才提供就业机会和平台，发挥人才的能力和才干，提升机构业绩和运营能力；国内创投机构与海外创投机构之间的人才流动，国内创投人才到海外机构进修学习和交流沟通，能够拓展视野眼界，扩大知识储备，增强竞争与合作能力，海外创投人才的引入则能够为国内创投机构带来前沿的创投知识、丰富的管理资讯以及成熟的实践操作经验，使其发展与国际接轨，更具开放性和持续性。

其次，建构科学化的激励和约束模式。对创投人才予以激励可以提高创投人才的积极性，激发其创造力，为创投企业带来更多的收益。对创投人才进行约束，可以减少创投运营和管理决策的失误，降低潜在的创投风险并防止其扩大化。激励方面主要包括创投人才的收入获取和分配，如工资、奖金、津贴、股权和期权、绩效挂钩、红利提成等。其中，工资、股权、红利提成是主要的激励方式。工资是依据创投管理者所管理的创业投资数额的转化费用；股权和期权是创投企业内部按照既定价格对于投资者给予一定的持股权；红利提成是投资者依据投资净收入的比例提成。约束方面包括对于创投项目精细选择与严格决策，以求减少判断失误，尽量避免项目筛选和评估中可能存在的道德偏差；对于投资者进行财务上的监督控制，减少创投企业在财务管理和会计审核方面的失误，以便针对运营和管理决策及时进行重新评估和调整。此外，明确合理的业绩指标体系和可操作性强的绩效考核机制可以促进激励与约束的有效运作，发挥两者各自的作用。

第六章

广东创业投资协同发展的现实思考与前景展望

第一节　广东创业投资协同发展的现实思考

作为改革开放的前沿区域，广东创业投资发展速度的快慢、发展质量和实力是否优异且雄厚、发展模式是否成熟，对于中国创业投资的整体发展态势与趋向具有显著的代表意义和引领作用。因此，梳理并总结广东创业投资发展的经验特点，进而探讨其发展的路径选择显得尤为重要。

首先，分析广东创投发展现状并探究问题及需求所在，即政府、市场、社会三者之间的协同互动不足，制约创投行业发展的整体需求的满足。

从第一个创投企业运营开始到现在，广东创业投资的发展取得了一定的成绩和效果，创投企业数量、创投项目数量、创投融资规模、创投投资规模、创投退出规模等指标要素居于全国前列，总量庞大且增长趋势显著，体现出雄厚的实力和广阔的市场前景。但需要指出的是，广东创业投资在发展过程中积累了一些矛盾并面临着亟待解决的突出问题，制约着其向纵深层次发展。为此，挖掘广东创投发展存在的问题和突出矛盾并分析原因所在，进而为自身的创新发展明确改革方向和路径显得尤为重要。因此，本文从多中心协同治理的视角入手，从政府、市场、社会三个维度分析探讨广东创投发展的困境问题所在：政策供给相对欠缺，支持鼓励不足；融资渠道和退出方式相对单一，欠缺多样性；服务支持相对不足，发展环境有待优化等。这三个层面存在的问题实质上反映出广东创投市场当前面临的突出矛盾：政府、市场、社会三个层面之间的关系尚未理顺，缺乏协同互动，难以提供必要的产品和服务，导致创投行业的发展出现明显的不足和短板，影响到创投行业的整体发展效能，制约其高质量、科学化发展。因此，广东需要认清现实、摆正位置，在理论与实践相结合中创新改革创投发展路径，争取有所突破，有所成就。

其次，以多中心协同治理理论范式为引导构建广东创资协同发展的机制安排，即政府、市场、社会三方以协同共治的模式来提供产品和服务，满足创投行业发展的现实需求。

从抽象意义上说，机制安排是制度的具体呈现形式。新制度经济学认为，机制安排是由国家规定的正式约束、社会认可的非正式约束以及具体的实施机制构成的。机制安排的有效性既取决于机制自身的完善程度，又取决于机制安排的实施是否顺畅健全。创业投资的发展从本质上讲属于市场行为，但又具有极大的外部性、风险的不确定性以及运作过程中的信息不对称性等内在属性。因此，创业投资的发展离不开相应机制安排的引导、支持和规范。从对广东创业投资现状的分析可以看出，解决广东创业投资发展困境，满足其发展需求的关键在于理顺协调政府、市场、社会三者之间的关系，使三者相互联系、相互依赖、相互作用，在互动中发挥各自的功能效应，形成有机统一的协同共治模式。而多中心协同治理范式能够为广东创业投资的协同发展提供必要的理论引导和有益的策略支持。

为此，本著作以多中心协同治理理论作为范式引导，从政府、市场、社会三个维度来构建广东创业投资协同发展的机制安排：政府层面的政策供给和规范监管机制（明确政府职能作用，保障政策供应和有序监管）；市场层面的融资对接和退出选择机制（发挥市场配置作用，促进要素合理流动）；社会层面的中介服务和人才支持机制（调动社会积极因素，营造宽松活跃环境）。对三个层面的机制安排的运作机理和内容（构成要素、目标原则、运作方式）的分析论述，清晰阐明广东创业投资协同发展的必要性和可行性。

需要指出的是，广东创业投资的协同发展不是一蹴而就的，同样也不能一劳永逸，而是需要在实践中不断加强与国外和国内创投发达地区的互动交流，借鉴成功经验以取长补短，根据国内外市场变化适时调整发展方式和策略，在真正意义上做到与时俱进、求新求变。随着国家创投新政正式发布实施（2016年国务院发布《关于促进创投持续健康发展的若干意见》规范创投市场运作）、创投领域深度分化（商业模式创新向技术创新转变）、新三板和IPO等改革（创投退出渠道拓宽）的持续深入、创投引导基金落地升级（与创投行业布局与产业结构调整相适应）以及粤港澳大湾区建设（创投区域和国际化合作加深）提上议程等一系列积极因素的影响，我们有理由相信，广东创业投资的发展空间将进一步拓展，发展动力将进一步增强，发展内涵和质量将进一步充实，发展环境将进一步优化。

第二节　广东创业投资协同发展的前景展望

一、鼓励、支持并引导多元主体参与

随着创投市场日益扩大和成熟，金融机构、非金融机构、个人投资者、联合投资者等更多主体进入到创投行业中来，不但带来更多的投资机遇和资本供给，也增强了创业市场的竞争力和活力。为此，广东可以从以下几个方面入手：

首先，广东应依据自身地域特色，结合当前经济、科技的发展水平，采用不同

方式手段鼓励企业、金融机构、非金融机构和个人投资者等参与创投，形成创投市场多元主体竞合格局。例如，经营方式上，降低门槛，提倡支持各类主体参与创投，采用政府投资与社会资金相结合的混合控股方式。项目评估上，构建科学化、专业化的创投评价机制，形成事前、事中和事后多方参与且严谨审核的监督体系。

其次，鼓励民间资本有序进入，支持天使投资发展。民间资本合规进入创投市场，能够极大加强广东本土创投企业实力，形成规模效应。民间资本进入创业投资最为便捷的渠道就是天使投资。为此，一方面，广东应强化天使投资企业经营和天使投资人投资收益的税收优惠等相关政策的实施力度，增强天使投资人的投资信心，保障其合法权益；另一方面，完善产权交易、技术项目信息发布、咨询服务等机制建设，搭建天使投资沟通平台，提升其专业素养和运作能力。

再次，积极探索与国外创投机构合作。一方面，广东现有国有或国有控股创投企业应率先示范，采取多种方式加强与国际大型创投公司或创投基金的合作，建立中外合资的创投专业基金和创业基金专业管理公司。另一方面，强化广东与港澳等地合作，探索创立广东与港澳联合创投基金，充分利用港澳的地缘优势、资金优势及投资经验，拓展广东创投市场空间和资本来源渠道，实现广东和港澳三地共赢。

二、完善政府引导基金，拓宽资本来源和退出渠道

政府引导基金的目的在于增加政府资金供给，克服单纯通过市场配置资本的市场失灵问题，促进创投企业融资，发挥财政资金的杠杆放大效应，优化产业结构。为此，广东应从以下三个方面入手：

首先，在政府资金支持方面，借鉴国内外创投发展经验，针对经济、科技发展等重要领域设立专项基金，吸引民间资本和社会闲置资本进入创投行业。例如，加快广东信托基金建设，持续扩大广东创投的信托基金融资渠道及规模。

其次，在企业融资方面，出台相关政策以放宽条件并降低门槛，鼓励支持广东本土大型国有、集体和混合所有制企业集团等根据自身行业领域优势设立专项创投基金。这一方面有利于企业研发新技术和产品，增加广东创投资本整体规模，扩大创投资本运作范围；另一方面有利于企业活化资产，提高闲散资本运作效率，使其能够把握有利时机进行结构调整和转型。

再次，在创投退出方面，一方面，广东应支持有上市需求的企业积极上市，引导对地方经济具有带动作用的民营和外资企业进行股份改造，并提供相应的政策支持。此外，提倡鼓励企业间收购、企业产权转让、创业资本回购、创业资本 IPO 发行及清算等多样化创投资本退出方式，保证退出渠道通畅。

三、加大科技自主和协同创新力度，提供技术支撑

提升科技自主和协同创新能力，可以促进创投市场新领域开发和新技术应用。为此，广东可以从以下三个方面入手：

首先，在新技术开发层面，应积极发挥高等院校、科研机构、企业研究中心的协同联合作用，加强校企、科企、企企结合的力度，推动优势和特色资源互补整合，构建高新技术研发体系，针对关键技术进行重点联合攻关，推动一批重点实验室、研究中心、技术中心、研发中心建设，升级打造科技创新中坚力量。

其次，在技术产业化层面，一方面，应鼓励支持社会各界主动参与创新创业，重点在战略性新兴产业领域推动资本、技术、人员之间的竞争与合作；另一方面，应建立连接科研成果与市场转化平台。例如，以大学科技园、高新技术产业园、技术产权交易机构、科技企业孵化器等为依托，形成技术产权全域化网络，促进科技成果转化落地。

再次，建立科技信息网络平台以实现科技创新资源信息共享。通过整合不同部门、不同行业、不同专业的科技创新资源要素，构建涵盖广泛的科技信息网络平台，为各地区、部门、企业、高等院校、科研机构等提供多类型专项服务，分享前沿科技资源信息，准确把握行业发展动向。

四、发挥各类型创投中介的积极作用，提供便利通畅服务

中介服务作为创投行业发展的重要一环，作用在于整合并实现信息、人员、资源的互动和共享，提升创投行业整体竞争力。为此，广东应从以下四个方面入手：

首先，推动广东各地市银行、证券公司、信托、保险等机构积极进入创投领域，参与创投企业运作的相关服务，为企业并购、重组提供顾问及咨询帮助。

其次，培育多种类型创投代理和顾问机构。广东应扶植和建立诸如创投服务公司、创投咨询顾问公司、创投信息发布公司等多种形式的创投中介机构，为投资者、创业投资机构和科技企业提供市场信息、决策咨询和代理谈判等相关服务。

再次，发挥律师事务所、会计评估机构等作用。律师事务所能够在创投企业设立、运营及退出过程中提供法律咨询与支持，减少创投企业在法务方面面临的各种风险。会计评估机构则致力于财务报表审计、技术估价、机构业绩评估及资产与股权评估等工作，保证创投企业在财务方面的健康和平稳运作。

第四，建立健全创投中介服务机构的资信评估和信息披露制度。如定期或不定期向社会及时公布创投中介服务机构的相关信息，促使其遵守行业道德及行业规则。

五、引入并培养专业化、复合型创投人才

创业投资行业兴旺发达的一个关键要素是人才。为形塑人才梯队体系，创造一个聚才、用才的良好环境，广东应从以下三个方面入手：

首先，积极与国外创投企业合作，引进先进管理理念和管理技术。例如，高薪聘请国外优秀专家和业界人士来广东工作；定期或不定期邀请国外著名创投家、专家学者、科技精英到国内讲学交流等。

其次，建立长效性激励机制和优惠政策。例如，从创投项目的增值收益中按照适当比例作为创投团队的绩效奖励，对创投企业高层管理人员实行期权激励等。

再次，政府相关部门联合高等院校、科研机构、管理咨询机构等共同建立创投人才培养机制。例如，政府牵头成立创业投资人才交流中心，负责招聘国内外创业投资专业人才；高等院校通过开设创业投资课程和培训，培养跨学科、跨行业人才；创投企业进行实操培训，培养一批具有专业知识和运作能力的人才队伍。

六、强化创新创业"软件"建设，优化发展环境

创业投资活动的开展需要基础设施建设等硬件要素支撑，同样也离不开活动空间、信用框架、金融供给等软件要素的支持。为此，广东应从以下三个方面入手：

首先，提升创业空间环境。一方面落实各项创业政策和相关文件精神，确立广阔平台＋贴心服务作为创业活动的政策指导方向；另一方面，活跃创业氛围，注重培育具有本地特色的创业文化。例如，全方位宣传创业政策，组织创业活动周系列活动，评选创业之星，推介创业成功典型等，鼓励社会各领域积极主动参与创新创业。

其次，培育透明公正的信用环境。构建专业诚信档案体系，为创投企业和经营管理者建立档案数据库。通过数据库建设，多渠道调查创投企业和从业者的信用状况，能够使全社会协同合作促进创业信用环境的改善，减少违规和投机行为。

再次，优化金融产品供给环境。一方面，加快货币市场发展，鼓励发行多类型短期债券、商业票据等，丰富货币市场交易品种，扩大货币市场规模。另一方面，鼓励多种形式的金融创新，开发多元化债券产品，提升债券流动性，降低企业筹资成本，满足投资者流动性需求。

参考文献

[1] （美）埃莉诺·奥斯特罗姆.公共事物的治理之道：集体行动制度的演进 [M].上海：上海三联书店，2000

[2] （美）迈克尔·麦金尼斯.多中心治理体制与地方公共经济 [M].上海：上海三联书店，2000

[3] （美）汉斯.兰德斯顿.全球风险投资研究 [M].长沙：湖南科学技术出版社，2010

[4] （美）乔希·勒纳等.风险投资、私募股权与创业融资 [M].北京：清华大学出版社，2015

[5] （美）林博.风险投资学 [M].北京：对外经济贸易出版社，2011 年

[6] 成思危.风险投资：中国与世界互动 [M].北京：民主与建设出版社，2004

[7] 苏启林.创业投资政府支持政策设计 [M].北京：经济科学出版社，2005

[8] 豆建民.风险投资与区域创新 [M].上海：上海财经大学出版社，2010

[9] 冯宗宪等.风险投资理论与制度设计研究 [M].北京：科学出版社，2010

[10] 刘曼红.风险投资学 [M].北京：对外经济贸易大学出版社，2011

[11] 鲁育宗.产业投资基金导论：国际经验与中国发展战略选择 [M].上海：复旦大学出版社，2008

[12] 冯宗宪，谈毅，冯涛等.风险投资理论与制度设计研究 [M].北京：科学出版社，2010

[13] 罗国锋.中国风险投资透视 [M].北京：经济管理出版社，2012

[14] 冯晓琦.风险投资体系以及风险投资运作中的主要环节 [M].北京：清华大学出版社，2012

[15] 张陆洋等.中国风险投资创新与探索研究 [M].上海：复旦大学出版社，2012

[16] 清科集团.中国创投简史 [M].北京：人民邮电出版社，2016

[17] 叶小荣.创投 [M].北京：电子工业出版社，2017

[18] 杨昀.风险投资家与联合投资、创业企业绩效研究 [M].北京：科学出版社，2016

[19] 李建良.创业投资引导基金的引导模式 [M].北京：社会科学文献出版社，2016

[20] 胡志坚等.中国创业投资风险发展报告 [M].北京：经济管理出版社，2016

[21] 徐晓波等.中国创业投资行业发展报告 [M].北京：企业管理出版社，2016

[22] 刘健钧.创业投资制度创新论：对"风险投资"范式的检讨 [M].北京：经济科学出版社，2004

[23] 孔淑红.风险投资与融资 [M].北京：对外经济贸易大学出版社，2002

[24] 高正平.政府在风险投资中作用的研究 [M].北京：中国金融出版社，2003

[25] 林崇诚.创业风险投资与中国法律政策 [M].长春：吉林大学出版社，2009

[26] 陈德棉，蔡莉.风险投资国际比较与经验借鉴 [M].北京：经济科学出版社，2003

[27] 胡海峰.美国创业资本制度与市场研究 [M].北京：人民出版社，2008

[28] 祝九胜.创业投资制度分析与机制研究 [M].北京：中国财政经济出版社，2004

[29] 王立国.创业投资发展研究 [M].大连：东北财经大学出版社，2004

[30] 杨青，李钮.创业风险投资全过程评价原理与方法 [M].北京：中国经济出版社，2008

[31] 孔繁斌.多中心治理诠释——基于承认政治的视角 [J].南京大学学报，2007(6)

[32] 陈艳敏.多中心治理理论：一种公共事物自主治理的制度理论 [J].新疆社科论坛，2007(3)

[33] 龙献忠等.论市民社会发展背景下的高等教育多中心治理 [J].大学教育科学，2010(4)

[34] 张洪武.多中心秩序：社区研究中新的分析框架 [J].中央民族大学学报（社科版），2017(5)

[35] 王松奇，丁蕊.创业投资企业的组织形式与代理成本 [J].金融研究，2001(12)

[36] 郭戎.中国创业风险投资业的发展趋势 [J].中国科技投资，2009(10)

[37] 徐宪平.风险投资模式的国际比较分析 [J].管理世界，2001(2)

[38] 王云龙.探索风险投资对技术创新的激励作用 [J].中国创业投资与高科技，2004(2)

[39] 万坤扬，袁利金.创业投资与技术创新关系的实证分析 [J].工业工程与管理，2006(1)

[40] 宋罡，徐勇.创业投资对高技术产业创新效率的影响研究 [J].东北大学学报（社会科学版），2013（1）

[41] 雪军等.创业投资与区域经济增长——基于中国东部 10 省的实证分析 [J].上海金融，2007（9）

[42] 蔡莉，朱秀梅，孙开利.我国风险投资区域聚类研究 [J].管理学报，2004（2）

[43] 程国琴.政府在风险投资中的制度供给作用 [J].工业技术经济，2006（2）

[44] 李宏昌，郑玉刚.建立和完善我国风险投资机制的策略 [J].经济问题，2008（8）

[45] 王卫东.风险投资运行模式的国际比较及对我国的启示 [J].中国金融，2006（10）

[46] 梁圣义，秦宇.我国发展风险投资政府引导基金模式研究 [J].商业经济，2009（12）

[47] 吴佳龙，齐巧.中美风险投资的比较分析及对我国风险投资的借鉴 [J].现代商业，2013（2）

[48] 侯青.金融危机背景下中国创业风险投资发展的研究 [J].知识经济，2009（12）

[49] 王晓东，赵昌文，李昆.风险投资的退出绩效研究——IPO 与并购的比较 [J].经济学家，2004（1）

[50] 汪波，宋连国，赵树亭.论政府在风险投资中的角色定位 [J].天津大学学报（社科版），2009（7）

[51] 钱苹，张祎.我国创业投资的回报率及其影响因素 [J].经济研究，2007（5）

[52] 赵志军等.制约我国创业投资发展的环境因素研究 [J].经济纵横，2011（1）

[53] 乔明哲等.国外公司创业投资中组织间学习研究述评 [J].管理学报，2012（10）

[54] 黄曼远等.欧洲投资基金管理运作模式及对我国政府创业投资引导基金的借鉴 [J].经济研究参考，2015（7）

[55] 蔡地等.国外联合创业投资行为研究现状与展望 [J].山东社会科学，2014年（10）

[56] 魏喜武等.全球创业投资波动性研究述评 [J].金融理论与实践，2010（6）

[57] 徐文舸.政府性创业投资引导基金的国际镜鉴——基于对以色列、澳大利亚的比较分析 [J].国际金融，2017（5）

[58] 萧端等.政府创业引导基金运作模式借鉴——以以色列 YOZMA 基金为例 [J].南方经济，2014（7）

[59] 唐忠杰.构建我国优质创业投资网络的建议 [J].时代金融，2017（1）

[60] 张明喜等.中国创业风险投资的发展近况及思考 [J].中国科技论坛，2015
(2)

[61] 许兴.我国创业风险投资发展现状与政策建议 [J].管理世界，2017(1)

[62] 戴淑庚等.风险投资对我国高科技产业发展的绩效研究——基于 DEA 方
法的区域比较视角 [J].厦门大学学报 (哲学社科版)，2010(6)

[63] 张俊芳等.中国风险投资发展的特征与形势分析 [J].全球科技经济瞭望，
2017(2)

[64] 杜传文.风险投资与 R&D 投资促进企业技术创新比较研究 [J].科技进步
与对策，2011(15)

[65] 林海涛.中国天使投资与青年创业者融资研究 [J].学术论坛，2013(12)

[66] 高孝平.创业投资中的模式发展研究 [J].中国集体经济，2017(2)

[67] 中国部委联合赴欧创业投资考察团.欧洲创业投资发展及启示 [J].证券市
场导报，2012(1)

[68] 刘红卫.美国创业投资的新发展及对我国的启示 [J].时代金融，2011(11).

[69] 彭华涛.创业企业成长瓶颈突破——政企互动的中介作用与政策感知 [J].
科学学研究，2013(7)

[70] 谢伟平等.风险投资对创业板 IPO 折价影响的实证研究 [J].金融论坛，
2013(1)

[71] 米建华.基于创业投资的长三角技术创新体系研究 [J].现代管理科学，
2013(8)

[72] 杨军.中国创业投资发展与政府扶持研究 [D].南京农业大学，2006

[73] 姜维益.我国创业风险投资发展问题研究 [D].广西大学，2008

[74] 单雪雨.创业风险投资集聚的驱动因素研究 [D].武汉理工大学，2010

[75] 董爱文.中国创业风险投资退出机制分析 [D].上海社会科学院，2011

[76] 李艳晏.创业风险投资制度研究 [D].复旦大学，2011

[77] 张佳睿.美国风险投资与技术进步、新兴产业发展的关系研究 [D].吉林大
学，2014

[78] 王洋.创业投资对我国产业升级影响的研究 [D].南华大学，2010

[79] 李玉兰.我国风险投资税收优惠法律制度研究 [D].西南政法大学，2011

[80] 岳蓉.中国风险投资的运行机制研究 [D].华中科技大学，2013

[81] 陈斌.创业、创新与创新集群发展 [D].浙江工业大学，2014

[82] 聂晶.推动技术创新的创业投资发展研究 [D].山西财经大学，2015

[83] 周育红.中国创业投资网络的动态演进及网络绩效效应研究 [D].华南理工

大学, 2013

[84] Kaplan, Steven, and Per Stromberg. Financial contracting theory meets the real world: An empirical analysis of venture capital contracts[J], Review of Economic Studies, 2003(70) : 281-316

[85] Florin A. Dorobantu. Syndication and Partial Exit in Venture Capital: A Signaling Approach [R], working paper, 2006

[86] J, Hoje. Venture Capital Syndication and Firm Value: Entrepreneurial Financing of Grand Junction Networks[R] Department of Finance, Leavey School of Business and Administration, Santa Clara University, Working Paper, 2000

[87] Mike Wright ,Andy Lochett. The structure and Management of alliances: syndication in the venture capital industry [J], Journal of management studies, 2003 (40): 8

[88] Sorenson, and T.E. Stuart. Syndication Networks And The Spatial[R],working paper, 2004

[89] Yael Hochberg, Alexander Ljungqvist , Yang Lu. Whom you know matters:venture capital networks and investment performance[R], working paper, 2005

[90] Ralph Bachmann, Ibolya Schindele. Theft and Syndication in Venture Capital Finance[R], working paper, 2005

[91] Andrews Bascha, Uwe Walz. "Convertible securities and optimal exit decisions in venture capital finance", Journal of Corporate Finance, 2001

[92] Porter. Clusters and the New Economics of Competition [J]. Harvard Business Reviews, 1998(11): 77-90

[93] Garry D. Bruton, David Ahistrom. An Institutional View of China's Venture Capital Industry Explaining the Difference between China and the West[J]. Journal of Business Venturing, 2003(180) :233-259

[94] Francis C.C.Koh. Markets and Industry venture capital and Economic growth: an Industry overview and Singapore's Experience [J]. The Singapore Economic Review, 2000(2) :243-267

[95] Arestis P, Demetriades P, Luintel B. "Financial development and economic growth:the role of stock markets". Journal of Money, Credit and Banking .2014(33) :16-41

[96] Ronald J. Gilson. Engineering a Venture Capital Market: Lessons from the American Experience[J], Boston: HBS Press, 2002(12) :547-583

[97] Kaplan S. N., Martel F., Stromberg P. How Do Legal Differences and Experience Affect Financial Contracts?[J]. Journal of Financial Intermediation,2007 （16）:273-311

[98] Heaton J. and Lucas D. Portfolio Choice and Asset Prices: The Importance of Entrepreneurial Risk[J], Journal of Finance, 2000（55）: 1163-1198

[99] Maula, M., Autio, E., Arenius, P. What drives micro-angel investments?[J]. Small Business Economics, 2005（25）: 459-475

[100]Burke, A., Hartog C., van Stel, A., and Suddle, K. How does entrepreneurial affect the supply of informal investors?[J], Venture Capital, 2010, 12(1): 21-47

[101]Avdeitchikova, S., Landstrom, H., Manson, N. What do we mean when we talk about business angels？ Some reflections on definitions and sampling[J]. Venture Capital, 2008（10）: 371-394

[102]Paul, S., Whittam, G. and Johnston, J.B. The Operation of the Informal Venture Capital Market in Scotland[J], Venture Capital, 2003（5）: 313-335